Evolución de la IA

n la era digital de rápido avance, las empresas enfrentan una elección crucial: adaptarse y liderar la transformación o quedarse atrás en un mercado cada vez más competitivo. Dominando la Evolución de la IA es una guía esencial para las organizaciones que buscan no solo sobrevivir, sino prosperar en este entorno dinámico.

Este libro ofrece un enfoque integral para implementar una estrategia efectiva basada en IA, abarcando desde la planificación inicial hasta la ejecución y el análisis de resultados. A través de casos de estudio reales, herramientas prácticas y conocimientos de expertos, proporciona las estrategias clave para aprovechar al máximo el poder de la IA y la transformación digital.

Al optimizar procesos y reinventar modelos de negocio, esta guía ayuda a las empresas a aprovechar las oportunidades digitales, mejorar la eficiencia y construir una organización sostenible y preparada para el futuro.

Dominando la
EVOLUCIÓN
DE LA IA

ESTRATEGIAS CLAVE PARA LIDERAR EN LA ERA DE LA INNOVACIÓN TECNOLÓGICA

Escrito por

Clebert Ury Alexis

Evolución de la IA

Dominando la Evolución de la IA: Estrategias Clave para Liderar en la Era de la Innovación Tecnológica
Traducción: Ucrea Academy
Coordinación de diseño: Utrady
Armado: Utrady

Clebert Ury Alexis
Publicado por acuerdo con Utrady

México: Chicago 39, Nápoles, Benito Juárez, 03810, Ciudad de México, CDMX
Tel.: 5611742312

Primera edición: Junio 2024

ISBN: XXXXXXXXXXXX

Impreso en México por:

Tabla de contenido

Prólogo

En un mundo donde la tecnología avanza rápidamente, adaptarse se ha vuelto esencial. Las reglas del ámbito empresarial han cambiado, y aquellos que no se ajusten a la transformación digital quedarán rezagados. Este libro, que es básicamente el concentrado de todos mis cursos, platicas y experiencias a lo largo de varios años, te guiará a través del fascinante viaje de la transformación digital y la estrategia necesaria para alcanzarla, inspirándote a ser un protagonista activo en este nuevo escenario.

Desde la creación de las primeras computadoras hasta la reciente explosión de la inteligencia artificial, hemos sido testigos de una revolución sin precedentes. Empresas que fueron titanes han caído, mientras que nuevas y audaces startups han surgido para liderar. Esta dinámica demuestra que la clave del éxito radica en la capacidad de innovar y adaptarse rápidamente.

Un ejemplo emblemático es la historia de Netflix vs. Blockbuster. Lo que comenzó como un servicio de alquiler de DVDs por correo se transformó en un gigante del streaming, mientras que Blockbuster cayó debido a su incapacidad para evolucionar. Este relato subraya la necesidad de una mentalidad abierta y dispuesta a cambiar.

La historia de Uber vs. Taxis es otro ejemplo potente. Uber, con su plataforma digital, cambió la forma en que concebimos el transporte, desafiando un sistema de taxis que había permanecido inalterado durante décadas. La lección es clara: la tecnología debe ser utilizada para mejorar la eficiencia y la experiencia del usuario.

Este libro está diseñado para ser tu guía hacia la transformación digital. A través de estudios de caso y estrategias prácticas, te proporcionará las herramientas necesarias para llevar tu negocio al siguiente nivel. Ya sea que dirijas una pequeña empresa o una gran corporación, encontrarás valiosas lecciones para navegar en la era digital.

Utrady ejemplifica esta nueva realidad. Permite a cualquier negocio crear aplicaciones personalizadas, gestionar operaciones y competir en el mercado digital. Con las herramientas adecuadas, cualquiera puede transformar su negocio y alcanzar nuevos niveles de éxito.

La transformación digital no es solo un cambio tecnológico, es un cambio cultural y estratégico. Implica repensar la forma en que operamos y gestionamos nuestros recursos. Este libro te enseñará cómo integrar tecnologías en cada aspecto de tu negocio, adoptando una mentalidad de innovación constante.

Te invito a embarcarte en este viaje conmigo, a desafiar tus límites y a descubrir las posibilidades que la tecnología ofrece. El futuro es digital y está lleno de oportunidades para aquellos dispuestos a adaptarse y liderar con valentía. ¡Bienvenido a la era de la Inteligencia Artificial!

I

Introducción a la Transformación Digital

En un mundo donde la tecnología avanza a pasos agigantados, las empresas enfrentan una decisión crucial: adaptarse o quedarse atrás. Esta decisión es más evidente cuando miramos casos como el de Blockbuster y Netflix.

Historia de Netflix vs. Blockbuster: Una Batalla Épica por la Innovación

Era una época en la que ir a Blockbuster era una experiencia mágica. Los fines de semana, familias y amigos se reunían en los pasillos llenos de estanterías con cajas de películas coloridas, buscando la película perfecta para disfrutar en casa. Este ritual no solo era una oportunidad para ver las últimas novedades de Hollywood, sino también un evento social, una tradición que muchas personas esperaban con ansias. La emoción de elegir una película, la anticipación del entretenimiento nocturno y la oportunidad de explorar nuevos géneros y títulos hicieron que Blockbuster se convirtiera en un nombre sinónimo de entretenimiento doméstico.

Sin embargo, mientras Blockbuster disfrutaba de su apogeo y se consolidaba como el líder indiscutible en el alquiler de películas, un pequeño pero innovador competidor, Netflix, comenzaba a trazar su camino hacia la cima de la industria. Fundada en 1997 por Reed Hastings y Marc Randolph, Netflix inició su andadura como una empresa que enviaba DVDs por correo. Este modelo de negocio era una novedad en su tiempo, ofreciendo a los clientes la comodidad de recibir sus películas favoritas directamente en sus puertas sin tener que abandonar la comodidad de sus hogares.

En sus inicios, Netflix no parecía representar una amenaza significativa para un gigante como Blockbuster. Sin embargo, Hastings y Randolph tenían una visión revolucionaria que iría más allá del alquiler físico de DVDs. Reconocieron las limitaciones y los inconvenientes del modelo tradicional y comenzaron a explorar nuevas tecnologías que pudieran transformar la manera en que la gente consumía entretenimiento. Esta visión los llevó a invertir en el desarrollo de tecnología de streaming, una apuesta arriesgada que permitiría a los usuarios ver películas y series en línea desde cualquier dispositivo con conexión a Internet.

Mientras Netflix evolucionaba y comenzaba a ofrecer su servicio de streaming en 2007, Blockbuster se mantenía firme en su modelo de negocio tradicional. A pesar de tener la oportunidad de adquirir Netflix en sus primeros años por una suma relativamente baja, los ejecutivos de Blockbuster desestimaron la propuesta, creyendo que su modelo de tiendas físicas seguiría siendo dominante. Esta falta de visión y reticencia a innovar se convertiría en su mayor debilidad.

A medida que Netflix mejoraba su plataforma y expandía su catálogo de contenido, atrayendo a millones de suscriptores, Blockbuster comenzó a sentir la presión. Las ventajas del streaming, como la ausencia de tarifas por retraso y la disponibilidad instantánea de una vasta biblioteca de contenido, se hicieron evidentes para los consumidores, quienes empezaron a cambiar sus hábitos de consumo. La conveniencia de ver una película con solo hacer clic en un botón superó rápidamente la experiencia de ir a una tienda física.

En un dramático giro de eventos, Blockbuster, que alguna vez fue un titán de la industria con ingresos anuales superiores a los 6 mil millones de dólares, cayó en bancarrota en 2010, apenas cinco años después de haber sido el líder indiscutible del mercado. La principal razón de su caída fue su incapacidad para adaptarse a los cambios tecnológicos y su reticencia a innovar. Mientras Blockbuster seguía aferrado a su modelo de negocio tradicional, Netflix continuaba creciendo y redefiniendo el entretenimiento doméstico.

La historia de Netflix vs. Blockbuster no solo es un relato de competencia empresarial, sino también una lección sobre la importancia de la adaptación y la innovación en un mundo en constante cambio. Blockbuster representa el arquetipo de una empresa que se negó a ver más allá de su éxito momentáneo y a evolucionar con las tendencias emergentes, mientras que Netflix encarna la audacia y la visión necesarias para transformar una industria.

Hoy, Netflix no solo es un gigante del streaming, sino también un productor de contenido original galardonado, con presencia en casi todos los hogares del mundo. La caída de Blockbuster sirve como un recordatorio de que ninguna empresa, sin importar cuán grande o establecida sea, está exenta de la necesidad de innovar y adaptarse a los cambios del mercado. Aquellos que no lo hacen, corren el riesgo de desaparecer, dejando espacio para que los visionarios del mañana tomen su lugar

Un Duelo Empatado en la Era del Streaming

La amenaza que representaba Netflix no se detuvo con la caída de Blockbuster. La plataforma de streaming, conocida por su enfoque innovador y disruptivo, pronto fijó su mirada en otros gigantes de la industria del entretenimiento, entre ellos HBO. Fundada en 1972, HBO había sido durante décadas un pilar del entretenimiento premium, conocido por su programación original de alta calidad, que incluía series emblemáticas como "The Sopranos," "Game of Thrones," y "Sex and the City."

Sin embargo, la llegada de Netflix al mercado del streaming trajo consigo un cambio radical en la forma en que los consumidores accedían y disfrutaban del contenido. La capacidad de ver una cantidad ilimitada de programas y películas a pedido, sin la necesidad de horarios fijos, resultó ser una oferta irresistible para el público.

Esta nueva forma de consumo de contenido obligó a HBO a revaluar su modelo de negocio tradicional basado en suscripciones de televisión por cable.

A diferencia de Blockbuster, que subestimó el impacto de Netflix y se aferró a su modelo de negocio anticuado, HBO decidió enfrentar el desafío de frente. Reconociendo la necesidad de adaptarse a las nuevas demandas del mercado, HBO comenzó a invertir significativamente en el desarrollo de su propia plataforma de streaming. En 2010, lanzaron HBO Go, una aplicación que permitía a los suscriptores de televisión por cable acceder a la programación de HBO en línea. Aunque HBO Go fue un paso importante, estaba limitado a aquellos que ya tenían una suscripción de cable, lo que reducía su alcance potencial.

HBO no se detuvo allí. Comprendieron que para competir efectivamente con Netflix, necesitaban una solución más inclusiva y accesible. En 2015, dieron un paso crucial con el lanzamiento de HBO Now, una plataforma de streaming independiente que permitía a los usuarios suscribirse directamente a HBO sin necesidad de una suscripción de cable. Este movimiento estratégico amplió significativamente su base de usuarios y demostró el compromiso de HBO con la transformación digital.

El verdadero golpe de efecto llegó en 2020 con el lanzamiento de HBO Max. Esta nueva plataforma no solo incluía la programación de HBO, sino también una vasta biblioteca de contenido de WarnerMedia, incluyendo películas, series de televisión y contenido original exclusivo. HBO Max ofrecía una experiencia de usuario enriquecida y un catálogo de contenido que competía directamente con la oferta de Netflix.

La inversión en HBO Max fue un testimonio de la capacidad de HBO para innovar y adaptarse a las cambiantes dinámicas del mercado. En lugar de ver la transformación digital como una estrategia defensiva, HBO la abrazó como una oportunidad para crecer y diversificar su oferta. A través de la plataforma, HBO pudo atraer a una nueva generación de espectadores que valoraban la conveniencia y flexibilidad del streaming.

Además, HBO continuó produciendo contenido original de alta calidad, una de sus principales fortalezas, que seguía atrayendo a audiencias leales. Series como "Westworld," "Succession," y "Euphoria" no solo mantuvieron el prestigio de la marca, sino que también aseguraron su relevancia en el competitivo mercado del entretenimiento. Al combinar su legado de programación premium con una moderna plataforma de streaming, HBO logró mantenerse como un jugador clave en la industria.

La historia de Netflix versus HBO no es solo una narrativa de competencia feroz, sino también un ejemplo inspirador de cómo la transformación digital puede ser utilizada para revitalizar y fortalecer una marca establecida. Mientras que Netflix revolucionó el mercado del entretenimiento con su modelo de streaming, HBO demostró que incluso los gigantes veteranos pueden adaptarse y prosperar en un entorno digital dinámico.

En resumen, HBO logró evitar el destino de Blockbuster mediante la adopción proactiva de la tecnología y la innovación. Al invertir en plataformas de streaming como HBO Go, HBO Now y finalmente HBO Max, HBO no solo respondió a la amenaza de Netflix, sino que también creó nuevas oportunidades para el crecimiento y la expansión. Esta transformación digital no solo les permitió mantenerse competitivos, sino que también reafirmó su posición como líderes en la creación de contenido de calidad. La batalla entre Netflix y HBO subraya la importancia de la adaptabilidad y la visión en la era digital, ofreciendo valiosas lecciones sobre cómo las empresas pueden navegar y prosperar en tiempos de cambio.

Resistencia al Cambio: El mayor Obstáculo para el Progreso

Después de trabajar durante años con cientos de clientes y colaboradores en Latinoamérica, he observado un patrón preocupante que pone en riesgo el futuro de muchas organizaciones en la región. Este patrón no discrimina por tamaño de empresa; afecta tanto a las grandes corporaciones como a las pequeñas y medianas empresas (PYMES). La raíz del problema radica en una mentalidad mediocre que prevalece en muchos líderes empresariales y equipos de trabajo. Estas empresas parecen estar atrapadas en una burbuja, convencidas de que la transformación digital es un lujo reservado únicamente para los países del primer mundo o las empresas multinacionales. Este pensamiento limitante actúa como un freno poderoso, impidiéndoles ver y aprovechar las oportunidades que la tecnología moderna puede ofrecer.

En lugar de abrazar las herramientas y soluciones tecnológicas que podrían catapultarlas hacia una mayor eficiencia y competitividad, muchas de estas empresas se aferran a métodos tradicionales y obsoletos. Dependiendo de procesos arcaicos como el uso de WhatsApp para la comunicación interna y externa, lápiz y papel para la toma de notas y registros, y hojas de cálculo de Excel para la gestión de datos, estas empresas están construyendo su futuro sobre cimientos frágiles. Si bien estas herramientas pueden haber sido útiles en el pasado, el mundo ha avanzado a un ritmo vertiginoso, y seguir confiando en ellas sin adaptarse a nuevas tecnologías es un error estratégico grave.

La resistencia al cambio y la negativa a adoptar nuevas tecnologías no solo limitan la capacidad de estas empresas para competir en un mercado globalizado, sino que también ponen en peligro su supervivencia a largo plazo. La innovación tecnológica ya no es una opción, sino una necesidad en un mundo donde la digitalización y la automatización son la norma. Las empresas que no se adapten corren el riesgo de quedarse atrás, perdiendo clientes, oportunidades de negocio y, eventualmente, su relevancia en el mercado.

Es crucial entender que esta mentalidad retrógrada no solo afecta a la eficiencia operativa de las empresas, sino que también tiene un impacto significativo en su capacidad para innovar. La innovación requiere una mentalidad abierta y receptiva al cambio, una disposición a experimentar y adoptar nuevas ideas y tecnologías. Sin esta mentalidad, las empresas están condenadas a seguir repitiendo los mismos errores y limitaciones del pasado.

La tecnología digital ofrece un sinfín de posibilidades para mejorar los procesos empresariales, desde la automatización de tareas rutinarias hasta la recopilación y análisis de datos en tiempo real, lo que permite tomar decisiones más informadas y estratégicas. Sin embargo, para aprovechar estas oportunidades, es necesario un cambio fundamental en la forma de pensar y operar.

Las empresas en Latinoamérica deben reconocer que la transformación digital no es un fenómeno exclusivo de los países desarrollados. Al contrario, es una oportunidad global que puede y debe ser aprovechada por todos. Para ello, es esencial que los líderes empresariales se deshagan de su mentalidad mediocre y adopten una visión más progresista y ambiciosa. Solo así podrán garantizar que sus empresas no solo sobrevivan, sino que prosperen en un mundo cada vez más digital y competitivo.

Historia de Uber vs. Taxis: Una Revolución en el Transporte Urbano

La industria del transporte ha experimentado una de las transformaciones más significativas de las últimas décadas con la irrupción de Uber. Durante muchos años, los taxis tradicionales dominaron el mercado, operando con modelos de negocio que apenas habían cambiado en décadas. Con tarifas reguladas y servicios gestionados a través de llamadas telefónicas o simples paradas en la calle, los taxis tenían un control casi total sobre el transporte urbano. Sin embargo, todo esto cambió con la llegada de Uber, una empresa que revolucionó la forma en que nos desplazamos por la ciudad.

Uber, fundada en 2009 en San Francisco, introdujo un modelo de transporte basado en una aplicación móvil que conectaba directamente a conductores particulares con pasajeros. Esta innovación tecnológica ofrecía una manera más conveniente, rápida y, a menudo, más económica de viajar. Los usuarios podían solicitar un viaje con solo unos toques en su teléfono, ver la ubicación de su conductor en tiempo real, pagar electrónicamente y hasta calificar el servicio recibido. Todo esto contrastaba fuertemente con la experiencia más anticuada y a veces inconveniente de los taxis tradicionales.

La llegada de Uber no fue recibida con los brazos abiertos por la industria del taxi. En muchas ciudades alrededor del mundo, los taxistas organizaron protestas y bloqueos, argumentando que Uber no estaba sujeto a las mismas regulaciones estrictas que ellos, y que esto representaba una competencia desleal. Los taxistas tradicionales estaban obligados a cumplir con una serie de normativas que abarcaban desde licencias y seguros específicos hasta tarifas reguladas, lo que les imponía costos adicionales significativos.

A pesar de la resistencia, Uber continuó expandiéndose rápidamente. La clave de su éxito radicaba en varios factores innovadores. En primer lugar, su aplicación móvil simplificaba todo el proceso de solicitar un viaje. Los usuarios ya no tenían que esperar en la calle para detener un taxi o hacer una llamada telefónica y esperar que llegara un coche. Además, la transparencia en la tarifa y la posibilidad de pagar electrónicamente eliminaban las sorpresas desagradables y facilitaban la experiencia de pago.

Otro aspecto fundamental fue la estructura de precios dinámica de Uber, que ajustaba las tarifas según la demanda. En momentos de alta demanda, como durante eventos masivos o inclemencias del tiempo, los precios podían aumentar, incentivando a más conductores a salir a las calles. Esta flexibilidad no solo mejoraba la disponibilidad de vehículos para los pasajeros, sino que también ofrecía a los conductores la oportunidad de ganar más.

Además, la cultura de calificación bidireccional, donde tanto pasajeros como conductores podían calificarse mutuamente, creó un sistema de responsabilidad que mejoró la calidad del servicio. Los conductores sabían que su comportamiento y la condición de sus vehículos eran constantemente evaluados, lo que incentivaba un mejor servicio. Por otro lado, los pasajeros también eran conscientes de que su comportamiento podía influir en su capacidad para obtener futuros viajes.

Sin embargo, el impacto de Uber no solo se sintió en la competencia directa con los taxis tradicionales. Su modelo de negocio también impulsó la creación de otras empresas de transporte bajo demanda, como Lyft, Didi y Grab, que adoptaron y adaptaron el modelo de Uber a sus respectivos mercados. Esta nueva competencia en el mercado del transporte urbano obligó a los taxis tradicionales a reevaluar y modernizar sus servicios. Muchas compañías de taxis comenzaron a desarrollar sus propias aplicaciones móviles, mejorar la calidad del servicio y ofrecer tarifas más competitivas para mantenerse relevantes.

La transformación provocada por Uber también tuvo repercusiones en las políticas y regulaciones gubernamentales. Las autoridades de muchas ciudades y países se vieron obligadas a actualizar sus normativas para abordar los nuevos desafíos y oportunidades presentados por los servicios de transporte bajo demanda. Estas actualizaciones incluían la regulación de tarifas, requisitos de seguros y licencias, así como la protección de los derechos tanto de los conductores como de los pasajeros.

En resumen, la historia de Uber versus los taxis tradicionales es un claro ejemplo de cómo la innovación tecnológica puede transformar una industria establecida. Uber no solo desafió el status quo, sino que también demostró la importancia de adaptarse rápidamente a los cambios tecnológicos y las nuevas demandas del mercado. La resistencia inicial de la industria del taxi y las posteriores adaptaciones que tuvieron que realizar subrayan la necesidad de innovación constante y flexibilidad en un mundo en rápida evolución. Hoy en día, el legado de Uber sigue moldeando el futuro del transporte urbano, recordándonos que la capacidad de adaptarse y evolucionar es crucial para el éxito a largo plazo en cualquier industria.

Transformando Negocios con Tecnología Accesible

Seguramente te has preguntado: ¿Cómo puedo crear una aplicación para mi negocio si no sé nada de tecnología? Esta es la misma inquietud que nos llevó a la creación de Utrady. Nacida de la necesidad de brindar una solución tecnológica accesible, Utrady se ha convertido en una de las plataformas más innovadoras del mercado actual, enfocada en ayudar a pequeños y medianos negocios a crecer digitalmente. Su propuesta es revolucionaria: permite a los emprendedores crear su propia app con solo un par de clics, eliminando la barrera del conocimiento en programación.

Utrady no solo simplifica el proceso de creación de aplicaciones móviles, sino que también proporciona un sistema integral de herramientas para gestionar el negocio. Los usuarios de Utrady pueden acceder a un sistema de delivery eficiente, gestionar su inventario, utilizar un punto de ventas integrado, y ofrecer un catálogo digital de sus productos. Además, la plataforma facilita métodos de pago tanto online como presenciales, cubriendo así todas las necesidades operativas de un negocio moderno.

La plataforma de Utrady está diseñada para ser versátil y adaptarse a una amplia variedad de mercados. Desde comercios minoristas y restaurantes hasta farmacias, tiendas de abarrotes, servicios de paquetería y transporte, Utrady ofrece modelos y diseños de aplicaciones que se ajustan a las especificidades de cada tipo de negocio. Esta flexibilidad es crucial en un mundo donde cada sector tiene necesidades y demandas particulares.

Además de los modelos estándar, Utrady también ofrece la opción de crear aplicaciones totalmente personalizadas. Esta personalización permite a los negocios reflejar su identidad única y conectar de manera más efectiva con sus clientes. Un restaurante, por ejemplo, puede diseñar su app para destacar su menú exclusivo y ofrecer opciones de reserva y delivery adaptadas a su flujo de trabajo. Del mismo modo, una tienda de abarrotes puede crear una app que facilite las compras recurrentes y gestione las promociones y descuentos de manera eficiente.

El impacto de Utrady va más allá de la simplicidad tecnológica; también se centra en la accesibilidad económica. La plataforma está diseñada para ser una solución asequible, permitiendo a las empresas competir y prosperar en el mercado digital sin la necesidad de realizar una gran inversión en tecnología. Esto democratiza el acceso a herramientas avanzadas, nivelando el campo de juego para negocios de todos los tamaños.

La historia de Utrady es un testimonio de cómo la innovación y la empatía pueden converger para crear soluciones prácticas y accesibles. En un entorno donde la digitalización es clave para el crecimiento, Utrady se posiciona como un aliado estratégico para los emprendedores. La plataforma no solo facilita la transición al mundo digital, sino que también empodera a los negocios para que puedan ofrecer experiencias de calidad a sus clientes, optimizando sus operaciones y expandiendo su alcance.

En resumen, Utrady es más que una herramienta; es una solución integral para la digitalización de negocios. Al ofrecer una plataforma fácil de usar, con funcionalidades robustas y opciones de personalización, Utrady permite a los emprendedores concentrarse en lo que mejor saben hacer: atender a sus clientes y hacer crecer su negocio. En un mundo cada vez más digital, soluciones como Utrady no solo son útiles, sino esenciales para la supervivencia y éxito de los negocios modernos.

2

Deja de vivir en el pasado

La evolución de la riqueza y la transformación digital

El mayor obstáculo para que muchas empresas logren un liderazgo sostenible en su industria no es la falta de talento, innovación o recursos. Es la resistencia al cambio. La mayoría de los negocios siguen aferrándose a modelos de éxito del pasado, intentando replicar estrategias que funcionaron para sus abuelos o bisabuelos, sin comprender que el mundo ha cambiado radicalmente. La transformación digital no es una moda pasajera; es una necesidad ineludible para cualquier negocio que quiera mantenerse relevante y competitivo.

En este capítulo, haremos un recorrido por la evolución de la riqueza y descubriremos en qué época estás intentando hacer negocios. ¿Sigues operando bajo los principios de la era industrial, cuando el mundo ya se mueve a la velocidad de la inteligencia artificial? Es momento de abrir los ojos y abrazar el futuro.

Evolución de la Riqueza

Año 0 - 1750: Edad de la Agricultura

Durante milenios, la riqueza estaba vinculada a la tierra. Quienes poseían grandes extensiones de tierra eran los más ricos, y la sociedad estaba estructurada de manera jerárquica en función de la propiedad. Las cosechas y la ganadería eran las principales fuentes de producción, y la economía se movía lentamente, limitada por la estacionalidad de los cultivos y la reproducción del ganado. Si nacías en una familia de terratenientes, tenías garantizada la riqueza de por vida. Si nacías pobre, las posibilidades de ascenso eran prácticamente nulas. No existía una clase media significativa.

La producción de riqueza estaba intrínsecamente ligada a la fuerza física. Los campesinos trabajaban de sol a sol en condiciones duras, a cambio de comida y un techo. Además, en una época sin leyes modernas, la riqueza podía perderse rápidamente si alguien con mejores armas decidía arrebatar la tierra a la fuerza. La estabilidad era una ilusión y solo aquellos que lograban consolidar su dominio territorial podían asegurar su prosperidad.

1750 - 1950: La Era Industrial

Con la Revolución Industrial, la riqueza ya no dependía únicamente de la tierra, sino de las máquinas. Los dueños de fábricas y maquinaria se convirtieron en la nueva élite económica. Esta fue la era en la que el trabajo manual empezó a ser reemplazado por procesos mecanizados, aumentando exponencialmente la producción y reduciendo costos.

Fue también en este período cuando se establecieron las primeras universidades con el propósito de formar a los trabajadores que la industria necesitaba. Surgieron leyes laborales, protecciones para la propiedad intelectual y estructuras organizativas que dieron lugar a las grandes corporaciones. Para prosperar en este tiempo, necesitabas educación formal, permisos y contactos dentro del ecosistema empresarial.

Las figuras icónicas de esta eran, como Henry Ford, John D. Rockefeller y Andrew Carnegie, se convirtieron en los primeros multimillonarios al aprovechar el poder de la manufactura y la producción en masa. Se crearon los medios de comunicación masiva, y el acceso a la riqueza estaba controlado por los grandes conglomerados.

Si en esta era no nacías en una familia dueña de una fábrica, tu mejor oportunidad era ir a la universidad y especializarte en un área de alta demanda para encontrar un empleo estable.

1950 - 1978: La Era de la Distribución

A partir de la segunda mitad del siglo XX, la riqueza empezó a depender no solo de la producción, sino de la distribución. Quienes controlaban las cadenas de suministro y la comercialización masiva se convirtieron en los más ricos del mundo. No era necesario poseer fábricas ni desarrollar tecnología propia; bastaba con tener un modelo de distribución eficiente.

Fue la época dorada de los centros comerciales, las franquicias y los modelos de negocio basados en la intermediación. Empresas como Walmart y Sears capitalizaron este modelo, demostrando que distribuir productos podía ser incluso más lucrativo que fabricarlos.

1978 - 1994: La Era de la Tecnología

El auge de la tecnología trajo consigo una nueva forma de generar riqueza. En este período, la creación de nuevas tecnologías se convirtió en el pilar de la economía. Figuras como Steve Jobs, Bill Gates y Michael Dell cambiaron el mundo al introducir la computación personal, haciendo que las empresas dependieran cada vez más de la digitalización y la automatización.

Las barreras de entrada comenzaron a reducirse, permitiendo que nuevos startups desafiantes pudieran competir con gigantes establecidos. La innovación tecnológica comenzó a ser más importante que la infraestructura física, y quienes dominaban este campo se hicieron multimillonarios.

1994 - 2008: La Era de la Información

Con la llegada de Internet, la información se convirtió en la fuente primaria de riqueza. No era necesario poseer fábricas ni siquiera distribuir productos físicos; bastaba con controlar el flujo de información. Empresas como Google y Facebook capitalizaron esta tendencia, convirtiéndose en intermediarios digitales que transformaron el acceso a la información y la publicidad.

Las plataformas digitales comenzaron a reemplazar a los medios de comunicación tradicionales, y el marketing digital se convirtió en el nuevo motor del comercio.

2008 - 2014: La Era del Comercio Electrónico, Entretenimiento y Educación Digital

La llegada de los teléfonos inteligentes aceleró la digitalización del consumo. Empresas como Amazon, Netflix y Coursera redefinieron la manera en que la gente compraba, se entretenía y aprendía. La educación en línea y el comercio electrónico crecieron exponencialmente, eliminando las barreras físicas y permitiendo la escalabilidad global.

2014 - Hoy: La Era de la Realidad Virtual e Inteligencia Artificial

Actualmente, la integración de la inteligencia artificial y la automatización está revolucionando todos los sectores. Las empresas que combinan IA con sus procesos están generando riqueza a un ritmo sin precedentes. Los avances en inteligencia artificial han permitido que individuos sin grandes inversiones iniciales puedan crear soluciones innovadoras y escalar sus negocios de manera exponencial.

Con la inminente llegada de las computadoras cuánticas, las oportunidades de disrupción seguirán multiplicándose. La pregunta es: ¿Estás preparado?

Problemas es Igual a Oportunidades

A lo largo de la historia, cada era ha traído consigo sus propios desafíos, pero lo que muchas veces se percibe como un obstáculo es, en realidad, la semilla de una nueva oportunidad. La crisis de producción agrícola llevó a la revolución industrial; el crecimiento acelerado de las fábricas generó la necesidad de mejorar la distribución de bienes; la saturación de los canales de distribución incentivó el desarrollo de nuevas tecnologías; y el avance tecnológico impulsó la era de la información y el comercio digital. Este patrón ha sido inmutable a lo largo del tiempo: los problemas de una era crean las oportunidades de la siguiente.

Si hoy sientes que tu negocio enfrenta barreras insalvables, detente un momento y reflexiona: ¿realmente el problema es externo o es posible que aún estés operando bajo un modelo de negocio que ha quedado obsoleto? La mayoría de los empresarios que enfrentan dificultades para crecer no es porque falten oportunidades en el mercado, sino porque siguen aplicando estrategias diseñadas para un contexto que ya no existe.

Las empresas que lideran en su industria no son aquellas que simplemente perfeccionan métodos del pasado, sino aquellas que tienen la capacidad de anticipar el futuro. Estas compañías comprenden que el cambio es constante y que la clave del éxito no radica en resistirse a la transformación, sino en integrarse a ella con visión estratégica.

Deja de Vivir en el Pasado

La nostalgia puede ser peligrosa cuando se convierte en un obstáculo para la innovación. Muchas empresas siguen operando bajo modelos de negocio que fueron exitosos hace décadas, pero que hoy apenas les permiten sobrevivir. Si bien las estrategias del pasado pueden seguir siendo relevantes en ciertos aspectos, aferrarse a ellas sin adaptarlas a la nueva realidad digital solo retrasará el crecimiento y reducirá la competitividad.

Observemos algunos ejemplos:

- **Blockbuster** tuvo la oportunidad de evolucionar, pero se aferró al modelo de renta física de películas mientras Netflix apostaba por el streaming. El resultado fue inevitable: Netflix creció exponencialmente mientras Blockbuster desaparecía.

- **Kodak**, a pesar de haber inventado la cámara digital, temió que su introducción canibalizara su negocio de películas fotográficas. No entendieron que la digitalización era inevitable, y fueron superados por competidores más ágiles.

- **Nokia**, en su momento líder en telefonía móvil, subestimó la revolución de los smartphones y se vio superado por Apple y Android.

El mensaje es claro: no importa cuán exitoso haya sido un negocio en el pasado, si no se adapta a la nueva era, su relevancia en el mercado será efímera.

Empieza tu Transformación Digital Hoy

Afortunadamente, nunca ha sido más fácil modernizar un negocio. La tecnología está más accesible que nunca y, en muchos casos, las herramientas necesarias para la transformación digital ya existen. No se trata de reinventar la rueda, sino de utilizar los recursos disponibles de manera estratégica. Para ello, tienes cuatro opciones:

1. **Crear desde cero:** Si tienes una visión innovadora y los recursos adecuados, puedes desarrollar tu propia tecnología o plataforma. Esto requiere inversión y tiempo, pero te brinda control total sobre la solución. Empresas como Tesla y Amazon han optado por esta ruta, desarrollando sus propios ecosistemas tecnológicos para diferenciarse de la competencia.

2. **Adquisiciones:** No siempre es necesario construir desde cero. Puedes comprar soluciones ya establecidas y adaptarlas a las necesidades de tu negocio. Muchas grandes empresas han adquirido startups tecnológicos para integrar innovaciones rápidamente sin necesidad de un desarrollo interno prolongado.

3. **Alianzas Estratégicas:** En lugar de intentar hacerlo todo solo, puedes colaborar con empresas que ya han implementado tecnologías digitales con éxito. Las alianzas estratégicas permiten compartir recursos, conocimientos y experiencias, acelerando la transformación digital.

4. **Suscripciones:** En la actualidad, existe una amplia variedad de herramientas digitales en modalidad de suscripción que facilitan la digitalización de procesos. Desde plataformas de automatización de marketing hasta sistemas de gestión empresarial, muchas soluciones pueden integrarse a un negocio sin necesidad de inversiones millonarias.

No Necesitas Permiso para Innovar

En el pasado, el acceso a la innovación estaba limitado por barreras de entrada como costos elevados, regulaciones estrictas o la necesidad de aprobación de grandes corporaciones. Hoy, gracias a la democratización de la tecnología, cualquier emprendedor o empresa, sin importar su tamaño, puede aprovechar las oportunidades digitales sin pedir permiso a nadie.

Ya no se requiere ser una multinacional para tener presencia en el comercio electrónico, acceder a inteligencia artificial o automatizar procesos empresariales. Todo lo que necesitas es la mentalidad adecuada y la determinación de dar el primer paso.

El mundo ha cambiado y seguirá cambiando. La pregunta es: ¿seguirás viendo los problemas como obstáculos o los convertirás en oportunidades? La decisión está en tus manos. ¿Estás listo para liderar la próxima era de tu negocio?

3

Dominando la IA:
La Nueva Frontera de la Transformación Digital

A lo largo de la historia, cada nueva era tecnológica ha traído consigo oportunidades para aquellos que supieron adelantarse y adaptarse a los cambios. La inteligencia artificial (IA) no es la excepción. Lejos de reemplazar la transformación digital, la IA la potencia, la evoluciona y abre puertas a modelos de negocio que hasta hace poco parecían ciencia ficción.

Las empresas que han dominado su época siempre han sido aquellas que comprendieron a profundidad su contexto antes de dar el salto a lo siguiente. Esas compañías no solo adoptaron la tecnología disponible, sino que la usaron para reimaginar el futuro. Lo mismo ocurre con la IA. Aquellos que realmente entienden la transformación digital y la han aprovechado al máximo estarán mejor preparados para anticipar las oportunidades que la inteligencia artificial traerá consigo.

Hoy, la IA está en plena expansión y su impacto ya se siente en múltiples sectores. Sin embargo, no estamos en la fase final de su evolución. Estamos apenas en el inicio de una revolución que cambiará por completo la forma en que trabajamos, producimos y consumimos. Y en este punto, cada emprendedor y empresa tiene dos opciones: adaptarse y dominar la IA o quedarse atrás y ser irrelevante en la nueva economía digital.

¿Es necesario desarrollar tu propia inteligencia artificial?

Una pregunta que muchos empresarios y emprendedores se hacen es si realmente necesitan desarrollar su propia IA para aprovechar su potencial. La respuesta es clara: no. No todas las empresas deben crear su propio modelo de inteligencia artificial desde cero, así como no todas las empresas de la era digital necesitaban construir su propia infraestructura de servidores o sistemas operativos. Lo crucial es comprender la IA como negocio y como industria, y saber cómo integrarla de manera efectiva en los procesos y estrategias empresariales.

En el momento en que se escribe este libro, ningún país de Latinoamérica tiene la capacidad de entrenar un modelo de inteligencia artificial de la magnitud de OpenAI, Google o Amazon. Estos gigantes tecnológicos han invertido miles de millones en investigación, infraestructura y talento para desarrollar sus modelos. Las barreras de entrada a este mercado incluyen el acceso a grandes centros de datos, chips especializados y los más avanzados algoritmos de aprendizaje profundo.

Para ponerlo en perspectiva, los chips que hacen posible la inteligencia artificial moderna solo pueden fabricarse en un número muy limitado de países. En este momento, los microchips más avanzados utilizados para entrenar IA solo se producen en Holanda por la empresa ASML, la única compañía en el mundo capaz de construir las máquinas necesarias para fabricar estos componentes con tecnología de litografía extrema ultravioleta (EUV). Y aún más restringido es el número de empresas que pueden producir en masa estos chips, con Taiwan Semiconductor Manufacturing Company (TSMC) a la cabeza.

Mientras China avanza rápidamente en el desarrollo de su propia tecnología de semiconductores, aún se encuentra a años de distancia de alcanzar el nivel de sofisticación de TSMC y ASML. Empresas como NVIDIA, AMD, Apple, Qualcomm y Mediatek son algunas de las pocas capaces de diseñar estos chips, pero su fabricación sigue dependiendo de la avanzada tecnología holandesa y taiwanesa.

El Rol del Emprendedor en la Revolución de la IA

Ante este panorama, ¿qué papel juegan los emprendedores y las empresas emergentes en la era de la inteligencia artificial? Si bien no es viable que cada empresa desarrolle su propia IA desde cero, sí es posible integrar la IA en diferentes modelos de negocio para mejorar eficiencia, innovación y rentabilidad.

Los emprendedores digitales tienen la ventaja de estar siempre un paso adelante en la adopción de nuevas tecnologías. Su capacidad para detectar tendencias, adaptar herramientas y encontrar nuevas soluciones les permite crear productos y servicios que responden a las necesidades de la nueva era. La IA no es una excepción.

Hoy en día, la IA se está utilizando en áreas que requieren razonamiento, predicción y optimización. Se ha integrado en sectores como la salud, el comercio, la manufactura, la educación y la logística. Cada vez más, la inteligencia artificial está reemplazando tareas rutinarias y permitiendo a los profesionales concentrarse en la toma de decisiones estratégicas y en la creatividad.

Con el tiempo, la IA generará una nueva generación de empresas con estructuras más ligeras y eficientes. Compañías con un número reducido de empleados serán capaces de generar productos multimillonarios en cuestión de meses, en lugar de años. La escalabilidad de los negocios impulsados por IA permitirá que pequeños startups compitan en mercados dominados históricamente por grandes corporaciones.

Las Empresas "AI First": La Nueva Tendencia Empresarial

Si analizamos la evolución de las tendencias tecnológicas, veremos que las empresas que dominaron la era digital fueron aquellas que adoptaron el enfoque **"Mobile First"**. A medida que el acceso a internet migró a los dispositivos móviles, las compañías que priorizaron la experiencia en smartphones lograron una ventaja competitiva inmensa.

Lo mismo está ocurriendo ahora con la inteligencia artificial. Estamos presenciando el nacimiento de una nueva tendencia: **"AI First"**. Aquellas empresas que diseñen sus modelos de negocio con la IA en el núcleo de sus operaciones serán las que lideren la próxima década.

Pero, ¿qué significa realmente ser una empresa "AI First"? Significa que la inteligencia artificial no es un complemento ni una herramienta secundaria, sino la base de su estrategia. Empresas que automatizan procesos internos, mejoran la experiencia del cliente con IA y crean productos o servicios impulsados por algoritmos inteligentes estarán mejor posicionadas para competir en el futuro.

Un claro ejemplo de esta disrupción es lo que Uber significó para la industria de los taxis. Con una simple aplicación y un modelo de negocio basado en la tecnología, Uber logró desafiar y en muchos casos reemplazar a empresas tradicionales que no supieron adaptarse a la era digital.

La inteligencia artificial hará lo mismo en todas las industrias. Las empresas que no integren IA en sus procesos enfrentarán el riesgo de ser reemplazadas por competidores más ágiles, eficientes y con costos operativos significativamente menores.

El Futuro de la Economía con la IA

La inteligencia artificial ya está aquí y no va a desaparecer. Más bien, se convertirá en la columna vertebral de la economía digital. Las empresas que sepan cómo aprovecharla no solo sobrevivirán, sino que dominarán sus mercados.

Pero, ¿qué pasará con aquellas compañías que no la adopten? Simplemente se volverán obsoletas. En el futuro cercano, la IA será tan esencial para la operación de un negocio como lo es hoy el acceso a internet o el uso de un teléfono inteligente.

Los líderes empresariales que comprendan esta realidad y tomen acción hoy tendrán una ventaja competitiva sin precedentes. No se trata de aprender a programar ni de desarrollar algoritmos complejos. Se trata de entender cómo la IA puede optimizar los procesos, mejorar la toma de decisiones y abrir nuevas oportunidades de negocio.

Si algo nos ha enseñado la historia es que cada era pertenece a aquellos que saben adelantarse a los cambios. Y la era de la inteligencia artificial no será la excepción.

La pregunta ya no es si la IA transformará los negocios, sino cómo lo hará y qué papel jugarás en esta transformación. ¿Serás un observador que ve cómo otros toman ventaja de esta revolución, o estarás entre los pioneros que definirán el futuro?

El Momento de Actuar es Ahora

El tren de la inteligencia artificial ya partió, y aunque pueda parecer que la brecha entre los gigantes tecnológicos y los pequeños emprendedores es insalvable, la realidad es que todavía hay múltiples estaciones en el camino para subir a bordo.

El éxito en esta nueva era dependerá de tu capacidad para adaptarte y aprovechar la IA en tu modelo de negocio. Si logras integrar estas herramientas en tu empresa antes que la mayoría, tendrás una ventaja competitiva invaluable.

Las oportunidades son infinitas. La única pregunta que queda es: **¿Estás listo para liderar el futuro con la inteligencia artificial?**

4

¿Qué viene después de la IA?

La Revolución Cuántica y el Futuro de la Tecnología

Este libro está escrito en el año 2025, un momento clave en la evolución tecnológica en el que la inteligencia artificial (IA) ha demostrado ser una herramienta poderosa, pero aún se encuentra limitada por la infraestructura actual. Hasta el día de hoy, seguimos ejecutando modelos de IA sobre computadoras diseñadas para la era digital, no para la inteligencia artificial avanzada. Las capacidades de procesamiento de los chips actuales son insuficientes para explotar el verdadero potencial de la IA.

Sin embargo, el mundo ya está avanzando hacia lo que parece ser el siguiente gran hito tecnológico: la computación cuántica. Gigantes tecnológicos como Microsoft y Google están invirtiendo miles de millones de dólares en el desarrollo de chips cuánticos. Paralelamente, naciones como Estados Unidos y China destinan enormes recursos a la creación de plantas energéticas especializadas para los centros de datos donde se entrenan los modelos de inteligencia artificial del futuro.

Este es un terreno donde la mayoría de las personas no pueden competir en términos de infraestructura. No tenemos los miles de millones de dólares que estas empresas y gobiernos pueden invertir en investigación y desarrollo. Sin embargo, lo que sí tenemos es talento y creatividad. Como emprendedores digitales, podemos aprovechar nuestro ingenio para contribuir a la construcción de nuevos ecosistemas tecnológicos. La historia nos ha demostrado que quienes se atreven a innovar siempre terminan encontrando oportunidades donde otros solo ven obstáculos.

La historia de Netflix y Blockbuster es un claro ejemplo de ello. Mientras Blockbuster se aferraba a su modelo tradicional de alquiler de películas en tiendas físicas, Netflix apostó por el streaming y revolucionó por completo la industria del entretenimiento. Los emprendedores creativos nunca pierden realmente, porque cada intento, incluso si fracasa, es un escalón hacia la siguiente gran oportunidad.

El fracaso es parte del éxito

Si hay algo que hemos aprendido en la historia de la innovación es que fracasar es un paso necesario hacia el éxito. Todos los avances tecnológicos han estado marcados por innumerables intentos fallidos antes de llegar a la solución correcta.

Para aquellos que queremos estar al tanto de las nuevas tecnologías, este es el momento de observar con atención el desarrollo de la computación cuántica y preguntarnos: ¿cómo podemos contribuir a este nuevo ecosistema? A medida que esta tecnología crece, surgirán nuevos desafíos, y cada problema es una oportunidad para quienes sepan encontrar soluciones.

Los beneficios de innovar en este campo serán enormes. No solo para la sociedad y la economía en general, sino también para los emprendedores que se posicionen en la vanguardia de estos cambios. Aquellos que logren integrar IA y computación cuántica en sus modelos de negocio podrán construir empresas con un alcance sin precedentes.

¿Qué es la tecnología cuántica?

En los últimos años, la palabra "computación cuántica" ha comenzado a resonar con más fuerza en el mundo tecnológico. Todos sabemos que se trata de una tecnología más avanzada que la computación tradicional, pero muy pocas personas entienden realmente cómo funciona.

Si deseas dominar el futuro, debes comprender a fondo cómo funciona la computación cuántica y cómo interactúa con la inteligencia artificial. Solo con ese conocimiento podrás comenzar a visualizar las soluciones que podrías aportar.

La historia nos ha enseñado que los verdaderos innovadores no esperan a que la tecnología madure completamente antes de actuar. Steve Jobs, Bill Gates y Michael Dell nacieron en la era industrial, pero supieron anticiparse a la era digital. No esperaron a que la tecnología estuviera completamente desarrollada; fueron ellos quienes ayudaron a construirla.

Hoy nos encontramos en una situación similar. La computación cuántica aún está en su infancia, pero los visionarios que comiencen a explorar sus aplicaciones desde ahora serán los que definirán su futuro.

La pregunta es: ¿serás de los que aprovechen esta oportunidad para revolucionar la era de la IA cuántica?. Si realmente lo crees, deberías estar inmerso en este campo desde hoy mismo.

El Rol de los Creativos Digitales en la Era Cuántica

Hace unos años, observé que muchas personas con perfiles creativos tenían dificultades para monetizar su talento en el mundo digital. Músicos, cineastas, diseñadores y especialistas en marketing poseían habilidades increíbles, pero no sabían cómo capitalizarlas en un entorno tecnológico en constante evolución.

Por esta razón, decidí crear la formación "Creativos Digitales Paso a Paso", basada en mi primer libro *La Economía Creativa*. El objetivo era claro: enseñar a los creativos digitales cómo utilizar su talento y creatividad para aportar soluciones al mercado, generar ingresos sólidos y construir un legado duradero.

Dentro de este ecosistema de creativos, hay un grupo
particularmente importante: los creadores de nuevas tecnologías. Si
formas parte de este grupo, o deseas hacerlo, el futuro está en tus
manos.

Aún no hay reglas definidas en la computación cuántica. Este es un
campo en desarrollo donde las posibilidades son infinitas, y los
primeros en explorarlas serán los que establecerán los estándares del
futuro.

En mi curso, expliqué paso a paso cómo empezar a aportar
soluciones tecnológicas de valor. No solo se trata de generar
ingresos, sino también de contribuir con innovaciones que
impacten la vida de millones de personas. Si logras identificar un
problema clave en esta nueva era tecnológica y desarrollar una
solución efectiva, estarás creando un camino de éxito y
trascendencia.

Sé un solucionador de problemas

Si deseas sobresalir en cualquier campo, primero debes aprender a
resolver problemas.

La historia de la computación nos da un claro ejemplo de esto. Las
primeras computadoras eran enormes, costosas y difíciles de
manejar. Sin embargo, aquellos que identificaron los problemas que

representaban y encontraron formas de hacerlas más accesibles fueron los que revolucionaron la industria. El mismo principio se aplica a la computación cuántica. Hoy, esta tecnología es costosa y compleja, pero aquellos que logren simplificarla y hacerla accesible al mercado serán los pioneros de la próxima gran revolución.

La computación cuántica promete resolver problemas que las computadoras tradicionales nunca podrían abordar en un tiempo razonable. Desde simulaciones avanzadas en la industria farmacéutica hasta mejoras en la ciberseguridad y la optimización de cadenas de suministro, las aplicaciones de esta tecnología son prácticamente ilimitadas.

El gran desafío será hacer que esta tecnología sea práctica y comercialmente viable. Y aquí es donde entran los innovadores: aquellos que identifiquen las áreas donde la computación cuántica puede marcar la diferencia serán los que transformen industrias enteras.

El Momento de Actuar es Ahora

En los próximos años, veremos cómo la inteligencia artificial y la computación cuántica se fusionan para crear sistemas más poderosos que nunca. No es cuestión de si esto sucederá, sino de cuándo.

Aquellos que hoy comiencen a aprender, explorar y experimentar con estas tecnologías estarán en una posición privilegiada cuando esta revolución llegue a su punto máximo.

Si algo nos ha enseñado la historia es que el futuro no pertenece a los que esperan, sino a los que se adelantan a su tiempo. No necesitas ser un programador experto ni un científico de datos para jugar un papel en esta transformación. Lo que necesitas es una mentalidad innovadora y la capacidad de ver oportunidades donde otros solo ven incertidumbre.

Los próximos años serán testigos del nacimiento de empresas, modelos de negocio y profesiones que hoy ni siquiera imaginamos. El mundo está cambiando rápidamente, y el éxito dependerá de quién logre adaptarse y liderar esta nueva era.

La pregunta no es qué sucederá después de la inteligencia artificial, sino qué papel desempeñarás en este futuro cuántico.

¿Serás un espectador o un pionero?

La decisión es tuya.

5

¿Qué es la Transformación Digital?

Ahora que leíste las historias de éxito y fracaso de las empresas anteriores y la evolución de la riqueza, es fácil de entender que la transformación digital implica integrar tecnologías y soluciones digitales en todas las áreas de un negocio. Este cambio es tanto cultural como tecnológico, ya que requiere que las organizaciones realicen cambios fundamentales en la forma en que operan y en el modo en que brindan experiencias y beneficios a sus clientes. Las soluciones digitales también pueden aumentar la fuerza laboral y transformar los procesos y modelos de negocio.

Para ilustrar mejor el concepto de transformación digital, quiero compartir mi historia personal de obsesión con los autos. De adolescente, pasaba horas jugando videojuegos de carreras en mi Xbox, lo que me llevó a desarrollar una pasión por los autos y curiosidad sobre mecánica automotriz. Sin embargo, al comenzar a tomar clases de manejo, me di cuenta de que no era necesario ser un experto en mecánica para conducir un auto. Este conocimiento me daba tranquilidad y me permitía entender y resolver problemas potenciales con mi auto. Del mismo modo, entender los principios básicos de la transformación digital puede ayudar a los empresarios a tomar decisiones informadas y prepararse para los desafíos futuros.

La analogía con los autos es clara: así como no necesitas ser un experto en mecánica para manejar un auto, no necesitas ser un experto en tecnología para liderar una transformación digital en tu empresa. Lo que sí necesitas es una comprensión fundamental de cómo las herramientas digitales pueden mejorar tu negocio y la disposición para adoptar nuevas formas de trabajar.

Componentes Clave de la Transformación Digital de una Organización

La transformación digital es un proceso integral que transforma todos los aspectos de una organización, desde sus tecnologías hasta su cultura, procesos y experiencia del cliente. Este proceso no solo implica la adopción de nuevas tecnologías, sino también un cambio profundo en la forma en que las organizaciones operan y brindan valor a sus clientes. A continuación, exploraremos en detalle los componentes clave de la transformación digital, desglosados en cuatro categorías principales: tecnología, cultura, procesos y experiencia del cliente.

I. Tecnología

La tecnología es el motor que impulsa la transformación digital. Implementar sistemas y herramientas avanzadas es esencial para mejorar la eficiencia operativa y la toma de decisiones estratégicas.

Los **sistemas de planificación de recursos empresariales (ERP)** modernos son cruciales para la transformación digital. Estos sistemas integran todas las áreas de una empresa, desde las finanzas y los recursos humanos hasta la fabricación y la cadena de suministro. Un ERP moderno proporciona una vista unificada y en tiempo real de las operaciones de la empresa, permitiendo una gestión más eficiente de los recursos y una mejor toma de decisiones. Además, la capacidad de un ERP para centralizar los datos reduce la duplicación de esfuerzos y mejora la precisión de la información.

Las **analíticas avanzadas** son herramientas poderosas que permiten a las organizaciones analizar grandes volúmenes de datos y extraer insights valiosos. Estas herramientas utilizan algoritmos de inteligencia artificial (IA) y machine learning para identificar patrones y tendencias en los datos, lo que ayuda a las empresas a tomar decisiones más informadas. Por ejemplo, las analíticas avanzadas pueden predecir el comportamiento del cliente, optimizar las cadenas de suministro y mejorar la eficiencia operativa.

La **infraestructura en la nube** es fundamental para la transformación digital, ya que permite a las empresas acceder a recursos y datos de manera centralizada y escalable. La conectividad en la nube facilita la colaboración entre equipos dispersos geográficamente, permite el acceso remoto a aplicaciones y datos, y proporciona la flexibilidad necesaria para escalar las operaciones según las necesidades del negocio. Además, la nube ofrece soluciones de seguridad avanzadas que protegen los datos empresariales contra amenazas cibernéticas.

El **Internet de las Cosas (IOT)** conecta dispositivos y máquinas a través de Internet, permitiendo la recopilación y transmisión de datos en tiempo real. Los dispositivos IoT pueden monitorear y controlar procesos industriales, mejorar la eficiencia energética y proporcionar información valiosa sobre el estado de los equipos. En el sector manufacturero, por ejemplo, los sensores IoT pueden detectar fallas en las máquinas antes de que ocurran, permitiendo un mantenimiento predictivo y reduciendo el tiempo de inactividad.

La **inteligencia artificial y el machine learning** son tecnologías clave que mejoran la automatización de procesos y la toma de decisiones. Estas tecnologías pueden analizar grandes volúmenes de datos, aprender de ellos y realizar predicciones precisas. Por ejemplo, los algoritmos de machine learning pueden identificar fraudes en tiempo real, optimizar rutas logísticas y personalizar ofertas para los clientes. La IA también puede automatizar tareas repetitivas, liberando a los empleados para que se concentren en actividades de mayor valor añadido.

La transformación digital no es solo una cuestión de adoptar nuevas tecnologías; es un proceso integral que busca optimizar todas las facetas de una empresa para hacerla más competitiva y adaptable en un mundo en constante cambio. En este capítulo, exploraremos en profundidad tres áreas clave de la transformación digital: la transformación de procesos de negocios, la transformación del modelo de negocios y la transformación organizacional y cultural. Cada una de estas áreas juega un papel crucial en la creación de una empresa más eficiente, innovadora y resiliente.

"Lidera la Innovación en tu Negocio!"

2. Cultura de Innovación

La tecnología por sí sola no puede garantizar el éxito de la transformación digital. La cultura organizacional debe respaldar esta transformación, fomentando la innovación, la adaptabilidad y la colaboración.

Una **mentalidad de innovación** es esencial para la transformación digital. Las organizaciones deben valorar la creatividad y la adopción de nuevas ideas, alentando a los empleados a experimentar y tomar riesgos calculados. Esto implica crear un entorno donde los fracasos se vean como oportunidades de aprendizaje y donde se celebre la innovación. Empresas como Google fomentan esta mentalidad al permitir que sus empleados dediquen un 20% de su tiempo a proyectos personales que podrían beneficiar a la empresa.

La **capacidad de responder** rápidamente a los cambios del mercado es crucial para mantenerse competitivo en el entorno empresarial actual. Las organizaciones deben ser flexibles y estar dispuestas a ajustar sus estrategias y procesos en función de las condiciones del mercado. La adaptabilidad también implica estar preparado para aprovechar nuevas oportunidades y enfrentar desafíos imprevistos. Un ejemplo claro es cómo muchas empresas se adaptaron rápidamente al trabajo remoto durante la pandemia de COVID-19, implementando tecnologías de colaboración en línea y ajustando sus operaciones para mantener la productividad.

La **colaboración** efectiva entre diferentes departamentos y equipos es fundamental para el éxito de la transformación digital. Las organizaciones deben promover la cooperación y el intercambio de conocimientos, asegurando que todos los empleados trabajen hacia objetivos comunes. Esto se puede lograr mediante el uso de herramientas de colaboración digital, como plataformas de gestión de proyectos y comunicación en tiempo real, que facilitan el trabajo en equipo y la alineación de esfuerzos.

El Despertar Digital: La Historia de Innovatech

En el corazón de la ciudad, Innovatech había construido su éxito a través de procesos sólidos y estrategias probadas. Durante años, había dominado su industria con eficiencia, pero el mundo estaba cambiando a un ritmo acelerado. La digitalización ya no era una opción, sino una necesidad urgente para mantenerse competitivo.

Sofía, la directora de innovación, lo entendía mejor que nadie. Implementar nuevas tecnologías no sería suficiente si la mentalidad de la empresa no evolucionaba con ellas. Los empleados temían lo desconocido, los líderes dudaban en soltar el control y los procesos rígidos dificultaban cualquier intento de cambio. Sin una transformación cultural, la digitalización no tendría impacto real.

Inspirada en el modelo de Google, Sofía propuso algo radical: destinar un 20% del tiempo de trabajo a la innovación. Cualquier empleado, sin importar su rol, podría desarrollar proyectos que resolvieran problemas internos o generaran nuevas oportunidades de negocio.

La propuesta fue recibida con escepticismo. Carlos, un veterano del equipo de desarrollo, expresó en voz alta la duda que muchos compartían. "¿Nos van a pagar por trabajar en proyectos que quizá nunca vean la luz?" Sofía, con una sonrisa confiada, respondió con firmeza. "Exactamente."

Para demostrar su punto, organizó un taller de transformación digital. Todos los empleados, desde administrativos hasta directivos, fueron invitados a proponer ideas. La respuesta fue abrumadora.

Cientos de sugerencias llegaron, algunas enfocadas en mejorar la atención al cliente, otras en optimizar los procesos internos, y muchas más que planteaban nuevas soluciones tecnológicas. A medida que la iniciativa avanzaba, el ambiente en Innovatech cambió. Equipos que antes trabajaban de manera aislada comenzaron a colaborar de formas inesperadas. Los empleados dejaron de ver la innovación como un riesgo y empezaron a considerarla una oportunidad.

En menos de un año, nacieron dos proyectos revolucionarios. VisionAI, una plataforma de análisis predictivo, optimizó la producción en un 30%, mientras que ConnectHub, un sistema interno de colaboración, redujo el tiempo de respuesta entre equipos a la mitad. Más allá de los números, la moral de los empleados se elevó y la retención del talento mejoró significativamente. Innovatech dejó de temer al cambio y lo convirtió en parte de su ADN.

Ahora, la pregunta es: ¿podría tu empresa vivir su propia transformación digital? ¿Estás listo para fomentar una cultura de innovación, adaptabilidad y colaboración? Organizar un taller, involucrar a todos los niveles y explorar el potencial oculto en tu equipo puede marcar la diferencia. El futuro no espera, y la innovación es el motor del cambio.

3. Procesos

La optimización de los procesos empresariales es otro componente esencial de la transformación digital. Esto incluye la automatización de tareas repetitivas, la optimización de flujos de trabajo y la gestión del cambio.

- **Automatización de Procesos:**

La automatización de procesos implica el uso de tecnologías para realizar tareas repetitivas y de bajo valor añadido, liberando a los empleados para que se concentren en actividades más estratégicas. La automatización puede mejorar la eficiencia operativa, reducir errores y aumentar la productividad. Por ejemplo, la automatización robótica de procesos (RPA) puede manejar tareas administrativas, como la entrada de datos y la gestión de facturas, de manera rápida y precisa.

- **Optimización de Flujos de Trabajo:**

La optimización de flujos de trabajo se centra en rediseñar los procesos empresariales para reducir costos y aumentar la productividad. Esto implica identificar ineficiencias y cuellos de botella, y utilizar tecnologías digitales para mejorar la velocidad y la calidad de los procesos. Por ejemplo, la implementación de un sistema de gestión de la cadena de suministro basado en la nube puede mejorar la visibilidad y el control de los inventarios, optimizando el proceso de reabastecimiento y reduciendo los costos de almacenamiento.

- **Gestión del Cambio:**

La gestión del cambio es crucial para facilitar la transición hacia nuevos métodos de trabajo y asegurar que los empleados adopten las nuevas tecnologías y procesos. Esto incluye desarrollar estrategias para abordar la resistencia al cambio, proporcionar formación y apoyo continuo a los empleados, y comunicar de manera efectiva los beneficios de la transformación digital. Un enfoque estructurado de la gestión del cambio puede aumentar significativamente las probabilidades de éxito de las iniciativas de transformación.

El Renacer de TechFab: La Revolución Digital en la Cadena de Suministro

Durante más de tres décadas, TechFab se había mantenido como un referente en la industria manufacturera. Su reputación era sólida y sus productos, reconocidos por su calidad. Sin embargo, algo no marchaba bien. La falta de visibilidad en su cadena de suministro estaba afectando gravemente las operaciones. Los envíos se retrasaban, los costos operativos aumentaban y la competencia avanzaba con soluciones digitales más eficientes. El CEO, Andrés, observaba con preocupación los reportes financieros. Cada mes, las cifras reflejaban la misma realidad: procesos lentos, errores constantes y clientes cada vez más insatisfechos. En una reunión con su equipo directivo, su advertencia fue clara. Si no tomaban medidas inmediatas, TechFab perdería su posición en el mercado. La transformación digital ya no era una opción, sino una necesidad urgente.

La situación dentro de la empresa era un reflejo del caos. Los almacenes acumulaban productos innecesarios mientras otros artículos esenciales se agotaban sin previo aviso. Nadie tenía información precisa sobre el inventario, lo que generaba decisiones erráticas y constantes pérdidas. La frustración crecía tanto en los clientes como en los empleados, quienes veían cómo la falta de organización complicaba aún más su trabajo.

Andrés sabía que la única solución era una transformación completa. Inspirado por otras compañías que habían superado desafíos similares, decidió implementar un sistema en la nube que permitiera centralizar la información en tiempo real. Con esta tecnología, los datos de inventario serían precisos, los envíos podrían rastrearse en vivo y la comunicación entre proveedores y departamentos mejoraría significativamente.

La noticia generó escepticismo entre los empleados. Muchos temían que el cambio trajera más complicaciones que beneficios. "Siempre hemos trabajado así", murmuraban algunos. Para combatir la resistencia, Andrés organizó talleres y capacitaciones donde mostró cómo la digitalización podía facilitar sus tareas diarias. Poco a poco, el temor se convirtió en curiosidad y, finalmente, en entusiasmo.

Seis meses después, TechFab era una empresa completamente renovada. Los tiempos de entrega se habían reducido considerablemente, las decisiones ahora se basaban en datos en tiempo real y la integración con proveedores había eliminado los retrasos y desperdicios. La transformación digital no solo resolvió los problemas operativos, sino que también cambió la cultura de la empresa. Lo que antes parecía un desafío imposible se había convertido en la clave de su crecimiento y estabilidad.

El caso de TechFab demuestra que la evolución es esencial para la supervivencia de cualquier negocio. En un mundo donde la tecnología avanza a pasos agigantados, quedarse atrás no es una opción. Adaptarse, innovar y tomar decisiones informadas marcará la diferencia entre el éxito y la obsolescencia.

4. Experiencia del Cliente

La transformación digital debe centrarse en mejorar la experiencia del cliente. Las organizaciones deben ofrecer productos y servicios que se adapten a las necesidades y preferencias de sus clientes, proporcionando una experiencia coherente y satisfactoria en todos los puntos de contacto.

- **Personalización:**

La personalización implica adaptar productos y servicios a las necesidades y preferencias individuales de los clientes. Las tecnologías digitales permiten a las empresas recopilar y analizar datos del cliente para ofrecer experiencias personalizadas. Por ejemplo, las plataformas de comercio electrónico pueden recomendar productos basados en el historial de compras y el comportamiento de navegación del cliente, aumentando la probabilidad de ventas adicionales y mejorando la satisfacción del cliente.

- **Accesibilidad Omnicanal:**

La accesibilidad omnicanal se refiere a la capacidad de una empresa para interactuar con sus clientes a través de múltiples canales, como tiendas físicas, sitios web, aplicaciones móviles y redes sociales. Proporcionar una experiencia de cliente coherente y fluida en todos estos canales es esencial para satisfacer las expectativas de los clientes modernos. Las herramientas de gestión de relaciones con el cliente

(CRM) pueden ayudar a las empresas a mantener una visión unificada del cliente y gestionar las interacciones a través de diferentes canales.

- **Servicios en Tiempo Real:**

Las capacidades para responder rápidamente a las solicitudes y necesidades de los clientes son cruciales en el entorno digital actual. Los servicios en tiempo real, como el soporte al cliente a través de chat en vivo y las actualizaciones en tiempo real sobre el estado de los pedidos, pueden mejorar significativamente la experiencia del cliente. Las empresas también pueden utilizar tecnologías como los chatbots y la inteligencia artificial para proporcionar respuestas rápidas y precisas a las consultas de los clientes.

El Cambio de Rumbo: La Revolución en DriveX

Durante décadas, DriveX había seguido un modelo de negocio tradicional. Los clientes compraban vehículos, firmaban contratos de financiamiento y asumían la responsabilidad del mantenimiento y los seguros. Sin embargo, la industria estaba cambiando rápidamente. Los consumidores ya no querían poseer un auto por años, sino disfrutar de la movilidad con mayor flexibilidad.

Lucas, director de estrategia en DriveX, observaba cómo nuevas generaciones optaban por alternativas como el carsharing y el renting, evitando los compromisos de la propiedad. Las ventas estaban estancadas y la competencia adoptaba enfoques más innovadores. La empresa necesitaba evolucionar o quedaría rezagada.

En una reunión clave, Lucas presentó una idea disruptiva: transformar DriveX en una plataforma de suscripción de vehículos. En lugar de vender autos, ofrecerían a los clientes la posibilidad de acceder a distintos modelos por una tarifa mensual, con mantenimiento, seguro y asistencia incluidos.

La propuesta generó resistencia entre los ejecutivos. "Siempre hemos vendido autos, no los alquilamos", comentó uno de los directores. Pero Lucas tenía datos sólidos. Estudios de mercado mostraban que el 60% de los jóvenes preferían pagar por uso en lugar de comprar, y que la tendencia hacia modelos de suscripción estaba en auge en múltiples industrias.

Para validar la idea, DriveX lanzó un piloto en una de sus ciudades principales. Los clientes podían elegir un auto según su necesidad: un sedán para la ciudad, una SUV para un viaje familiar o un deportivo para una ocasión especial. Sin trámites largos ni compromisos a largo plazo, la experiencia era fluida y accesible desde una app.

Los resultados fueron sorprendentes. En seis meses, el número de suscriptores superó las expectativas. Los clientes valoraban la flexibilidad y la tranquilidad de no preocuparse por gastos adicionales. DriveX, por su parte, comenzó a recibir ingresos recurrentes, lo que le permitió mejorar su planificación financiera y optimizar la rotación de su flota.

Con el éxito del programa, la empresa expandió el servicio a más ciudades y ajustó su modelo para incluir opciones premium y planes familiares. Lo que comenzó como una apuesta arriesgada se convirtió en el futuro de DriveX.

Este caso demuestra que transformar un modelo de negocio no es solo una cuestión de tecnología, sino de entender las nuevas necesidades del mercado. Las empresas que se atreven a innovar no solo sobreviven, sino que lideran el cambio.

Integración de Componentes Clave

Para que la transformación digital sea exitosa, es fundamental integrar estos componentes clave de manera armoniosa. La tecnología debe ser el motor que impulse el cambio, pero la cultura organizacional, los procesos optimizados y el enfoque en la experiencia del cliente son igualmente importantes para garantizar que la transformación digital brinde resultados sostenibles y significativos.

Estrategias para la Integración Efectiva

Desarrollo de una Visión Compartida:

Una visión clara y compartida es esencial para alinear todos los componentes de la transformación digital. La alta dirección debe comunicar esta visión de manera efectiva y asegurarse de que todos los empleados comprendan y se comprometan con los objetivos de la transformación.

Una empresa de servicios financieros desarrolló una visión compartida para su transformación digital que se centraba en mejorar la experiencia del cliente y aumentar la eficiencia operativa. La alta dirección comunicó esta visión a través de reuniones, boletines y plataformas digitales, asegurando que todos los empleados comprendieran y se comprometieran con los objetivos. Como resultado, la empresa logró una mayor cohesión interna y un enfoque unificado en sus iniciativas digitales.

Pasos Clave:

- **Definir la Visión:** La alta dirección debe establecer una visión clara y convincente para la transformación digital. Esta visión debe alinearse con los objetivos estratégicos de la empresa y reflejar sus valores fundamentales.

- **Comunicación Efectiva:** Es crucial comunicar la visión de manera clara y continua a todos los niveles de la organización. Utiliza diferentes canales de comunicación para asegurar que el mensaje llegue a todos los empleados.

- **Compromiso de la Alta Dirección:** La alta dirección debe demostrar su compromiso con la visión mediante su participación activa en el proceso de transformación. Esto incluye liderar con el ejemplo y apoyar las iniciativas digitales.

Implementación de Pilotos:

Antes de escalar las soluciones digitales a toda la organización, es recomendable implementar proyectos piloto en áreas clave. Esto permite probar y ajustar las tecnologías y procesos, minimizar los riesgos y asegurar que las soluciones sean efectivas antes de su despliegue completo.

Una empresa de manufactura implementó un proyecto piloto para digitalizar su proceso de control de calidad. El proyecto incluyó la instalación de sensores IoT en la línea de producción y el uso de analíticas avanzadas para monitorear y mejorar la calidad del producto en tiempo real. Tras el éxito del piloto, la empresa escaló la solución a todas sus plantas de producción, logrando una reducción significativa en los defectos del producto y mejoras en la eficiencia operativa.

Pasos Clave:

- **Identificar Áreas Clave:** Selecciona áreas de la empresa que se beneficiarían significativamente de las soluciones digitales y donde los riesgos de implementación son manejables.

- **Definir Objetivos Claros:** Establece objetivos específicos y medibles para los proyectos piloto. Esto ayuda a evaluar el éxito de las iniciativas y a realizar ajustes según sea necesario.

Monitoreo y Evaluación: Monitorea de cerca el progreso de los proyectos piloto y evalúa su desempeño en función de los objetivos establecidos. Utiliza los resultados para realizar ajustes y mejoras antes de escalar las soluciones.

Monitoreo y Mejora Continua:

La transformación digital es un proceso continuo que requiere monitoreo constante y ajustes regulares. Las organizaciones deben establecer indicadores clave de desempeño (KPI) para medir el progreso y el impacto de las iniciativas digitales, y realizar revisiones periódicas para identificar áreas de mejora.

Una cadena de tiendas minoristas estableció KPI para medir el impacto de su transformación digital en áreas como la satisfacción del cliente, la eficiencia operativa y el crecimiento de las ventas en línea. Realizó revisiones trimestrales para evaluar el progreso y ajustó sus estrategias en función de los resultados. Esta práctica de monitoreo y mejora continua permitió a la empresa mantenerse ágil y competitiva en el mercado.

Pasos Clave:

- **Establecer KPI:** Define indicadores clave de desempeño que se alineen con los objetivos de la transformación digital. Estos KPI deben ser específicos, medibles, alcanzables, relevantes y temporales (SMART).

- **Revisión Regular:** Realiza revisiones periódicas del progreso de las iniciativas digitales. Utiliza los KPI para evaluar el desempeño y detectar áreas que necesitan ajustes.

- **Adaptación y Escalabilidad:** Estar preparado para adaptar y escalar las soluciones digitales en función de los resultados y el feedback. Asegura que las soluciones sean escalables y puedan evolucionar con las necesidades del negocio.

Fomento de una Cultura de Innovación:

Crear una cultura que valore la innovación y la adaptabilidad es crucial para el éxito a largo plazo de la transformación digital. Las organizaciones deben fomentar la experimentación, celebrar los éxitos y aprender de los fracasos.

Una empresa tecnológica creó un programa de "Hackathons" donde los empleados podían formar equipos para desarrollar soluciones innovadoras a problemas específicos de la empresa. Los proyectos ganadores recibieron financiamiento para su implementación, y los equipos participantes recibieron reconocimiento por su creatividad y esfuerzo. Este enfoque no solo generó nuevas ideas y soluciones, sino que también fomentó una cultura de innovación y colaboración en toda la organización.

La transformación digital es un viaje complejo y continuo que involucra la optimización de procesos de negocios, la innovación en modelos de negocio y la creación de una cultura organizacional que valore la innovación y la adaptabilidad. Al abordar estas tres áreas de manera estratégica y holística, las empresas pueden no solo sobrevivir en el entorno competitivo actual, sino también prosperar y liderar el camino hacia el futuro digital.

Implementar un sistema digitalizado para la gestión de la cadena de suministro, diseñar nuevos modelos de negocio digitales y fomentar una cultura de innovación son pasos cruciales para lograr una transformación digital exitosa. Además, desarrollar una visión compartida, implementar proyectos piloto, monitorear y mejorar continuamente las iniciativas digitales y fomentar una cultura de innovación son estrategias clave que pueden ayudar a las empresas a navegar la complejidad de la transformación digital y asegurarse un lugar destacado en la economía digital del futuro.

Pasos Clave:

- **Promover la Experimentación:** Fomenta un entorno donde los empleados se sientan cómodos experimentando con nuevas ideas y tecnologías. Proporciona tiempo y recursos para proyectos de innovación.

- **Celebrar Éxitos:** Reconoce y celebra los éxitos de las iniciativas digitales, independientemente de su escala. Esto motiva a los empleados y refuerza el valor de la innovación.

- **Aprender de los Fracasos:** Adopta una mentalidad de aprendizaje continuo, donde los fracasos se vean como oportunidades para mejorar. Analiza los fracasos para identificar lecciones aprendidas y aplicarlas en futuros proyectos.

6

La Importancia de la Transformación Digital en el Clima de Negocios de Hoy

A medida que pasa el tiempo, se ha hecho cada vez más evidente que si las empresas quieren crecer y competir, deben tomar medidas para ser más resilientes, competitivas y con capacidad de respuesta. La transformación digital es una de las claves para lograr estos objetivos, ya que permite a las empresas modernizar y optimizar sus procesos, mejorar la experiencia del cliente y desarrollar nuevos modelos de negocio.

Walmart, uno de los minoristas más grandes del mundo, ha invertido significativamente en su transformación digital. La empresa ha implementado tecnologías como la inteligencia artificial, el análisis de datos y la automatización para mejorar la eficiencia operativa y la experiencia del cliente. Walmart también ha desarrollado una plataforma de comercio electrónico robusta y ha integrado sus operaciones en línea y en tienda para ofrecer una experiencia de compra omnicanal. Esto ha permitido a la empresa competir eficazmente con gigantes del comercio electrónico como Amazon.

Starbucks ha adoptado una estrategia digital integral para mejorar la experiencia del cliente y optimizar sus operaciones. La empresa ha desarrollado una aplicación móvil que permite a los clientes ordenar y pagar de manera conveniente, así como participar en programas de lealtad y recibir ofertas personalizadas. Starbucks también utiliza tecnologías de análisis de datos para comprender mejor las preferencias de los clientes y ajustar sus ofertas de productos en consecuencia. Esta estrategia digital ha ayudado a la empresa a aumentar la lealtad del cliente y las ventas.

Siemens, una de las principales empresas de tecnología e ingeniería del mundo, ha implementado una estrategia de transformación digital para mejorar la eficiencia operativa y desarrollar nuevas soluciones innovadoras. La empresa ha adoptado tecnologías como la Internet de las Cosas (IoT), la inteligencia artificial y el análisis de datos para optimizar sus operaciones y mejorar la toma de decisiones. Siemens también ha desarrollado plataformas digitales que permiten a sus clientes monitorizar y gestionar sus operaciones en tiempo real, lo que ha mejorado la eficiencia y la productividad.

La Urgencia de la Transformación Digital

La transformación digital ya no es una opción, sino una necesidad. La pandemia de COVID-19 aceleró esta realidad, mostrando que las empresas que ya habían comenzado su viaje de digitalización estaban mejor preparadas para enfrentar la crisis. La digitalización permitió a estas empresas mantener sus operaciones, adaptarse rápidamente a los cambios en la demanda del cliente y continuar ofreciendo servicios y productos de manera eficiente.

Factores Impulsores de la Transformación Digital

I. **Cambios en el Comportamiento del Consumidor:**

- Los consumidores de hoy esperan experiencias personalizadas y acceso omnicanal a productos y servicios. Quieren interactuar con las empresas en sus propios términos, ya sea a través de sitios web, aplicaciones móviles, redes sociales o tiendas físicas.

- La tecnología digital permite a las empresas recopilar y analizar datos sobre las preferencias y comportamientos de los clientes, lo que les permite ofrecer experiencias personalizadas y mejorar la satisfacción del cliente.

2. **Competencia Global:**

- En un mercado global, las empresas deben competir no solo con sus rivales locales, sino también con empresas de todo el mundo. La transformación digital permite a las empresas ser más ágiles y responder rápidamente a las oportunidades y amenazas del mercado.

- Las tecnologías digitales pueden ayudar a las empresas a innovar y diferenciarse de sus competidores, ofreciendo productos y servicios únicos que satisfacen las necesidades cambiantes de los clientes.

3. **Eficiencia Operativa:**

- La automatización de procesos y la optimización de flujos de trabajo pueden reducir costos, aumentar la productividad y mejorar la eficiencia operativa.

- Las herramientas digitales permiten a las empresas gestionar mejor sus recursos, optimizar sus cadenas de suministro y mejorar la colaboración entre equipos.

4. **Innovación y Nuevos Modelos de Negocio:**

- La transformación digital abre la puerta a la innovación, permitiendo a las empresas explorar nuevos modelos de negocio y desarrollar productos y servicios innovadores.

- Las empresas pueden utilizar tecnologías digitales para crear valor de nuevas maneras, como mediante la implementación de modelos de suscripción, servicios basados en datos y plataformas de comercio electrónico.

7

Beneficios de la Transformación Digital

La transformación digital proporciona una variedad de beneficios que pueden revolucionar las operaciones, la relación con los clientes y la posición de mercado de una empresa. A continuación, se detallan algunos de los beneficios más importantes de la transformación digital, acompañados de ejemplos prácticos y un desafío didáctico para ayudar a las empresas a implementar estas estrategias de manera efectiva.

Proporciona Información Estratégica en Tiempo Real para la Toma de Decisiones

En el entorno empresarial actual, la capacidad de tomar decisiones informadas rápidamente es crucial. La transformación digital permite a las empresas acceder a datos en tiempo real y utilizar análisis avanzados para tomar decisiones más precisas y oportunas.

Tradicionalmente, evaluar el rendimiento y el retorno de la inversión (ROI) ha sido un proceso retrospectivo para muchas empresas. La recopilación manual de datos suele llegar demasiado tarde para aprovechar las oportunidades del mercado. La integración de sistemas modernos de planificación de recursos empresariales (ERP) y herramientas de análisis avanzado cambia este enfoque. Estos sistemas permiten la personalización de algoritmos de análisis que procesan datos en tiempo real, proporcionando información inmediata y precisa.

Ejemplo:

Una cadena minorista global implementó un sistema ERP que integraba datos de ventas, inventarios y marketing en tiempo real. Esto permitió a los gerentes ajustar sus estrategias de ventas sobre la marcha, basándose en el comportamiento del cliente y las tendencias de compra, lo que resultó en una mejora significativa en la eficiencia y el ROI.

Beneficios:

- **Decisiones Informadas:** Acceso a datos actualizados para tomar decisiones más precisas y oportunas.

- **Optimización de Recursos:** Mejor asignación de recursos basada en información en tiempo real.

- **Mejora de la Competitividad:** Capacidad para reaccionar rápidamente a las condiciones cambiantes del mercado.

Aumenta la Eficiencia y la Productividad

La automatización de procesos repetitivos y manuales es una de las principales ventajas de la transformación digital, lo que se traduce en una mayor eficiencia y productividad. Tecnologías como la automatización robótica de procesos (RPA), la inteligencia artificial (IA) y el Internet de las cosas (IoT) son esenciales para alcanzar estos beneficios.

Ejemplo:

Una empresa de manufactura implementó RPA en sus líneas de producción, permitiendo a los robots realizar tareas repetitivas y precisas. Esto redujo significativamente el tiempo de producción y minimizó los errores humanos, aumentando tanto la productividad como la calidad del producto.

Beneficios:

- **Reducción de Errores:** La automatización minimiza los errores humanos, mejorando la calidad del producto.

- **Aumento de la Productividad:** Los empleados pueden enfocarse en tareas de mayor valor añadido, mientras que los robots se encargan de las tareas repetitivas.

- **Costos Reducidos:** Mayor eficiencia y menos errores resultan en una reducción de costos operativos.

Mejora las Experiencias de los Clientes

Las tecnologías digitales permiten a las empresas ofrecer experiencias de cliente más personalizadas y satisfactorias. La capacidad de recopilar y analizar datos del cliente ayuda a las empresas a entender mejor sus necesidades y preferencias, y a adaptar sus ofertas en consecuencia.

Ejemplo:

Un banco implementó una plataforma digital basada en IA para analizar el comportamiento de los clientes y ofrecer recomendaciones personalizadas de productos financieros. Esta estrategia no solo mejoró la satisfacción del cliente, sino que también aumentó las ventas cruzadas y la lealtad del cliente.

Beneficios:

- **Personalización:** Servicios y productos adaptados a las necesidades individuales de los clientes.

- **Satisfacción del Cliente:** Mejores experiencias aumentan la satisfacción y la lealtad del cliente.

- **Aumento de Ingresos:** Las recomendaciones personalizadas pueden impulsar las ventas.

Facilita la Innovación del Modelo de Negocio

La transformación digital no solo optimiza los procesos existentes, sino que también facilita la creación de nuevos modelos de negocio innovadores. Las empresas pueden utilizar tecnologías digitales para explorar nuevas oportunidades de mercado y desarrollar productos y servicios que satisfagan las cambiantes demandas de los consumidores.

Ejemplo:

Una compañía de software tradicional adoptó un modelo de negocio basado en suscripciones en lugar de vender licencias perpetuas. Esto les permitió generar ingresos recurrentes, mejorar la retención de clientes y ofrecer actualizaciones continuas de sus productos.

Beneficios:

- **Ingresos Recurrentes:** Los modelos de suscripción proporcionan ingresos predecibles y recurrentes.

- **Mayor Retención de Clientes:** Las actualizaciones continuas y el soporte mejorado aumentan la retención.

- **Flexibilidad:** Las empresas pueden adaptarse rápidamente a las demandas del mercado.

Apoya una Estrategia de Crecimiento Corporativa Sólida y Competitiva

La digitalización permite a las empresas desarrollar estrategias de crecimiento más robustas y competitivas. Las tecnologías conectadas y las plataformas digitales facilitan la colaboración y la innovación, lo que impulsa el desarrollo de nuevos productos y servicios.

Ejemplo:

Una empresa de bienes de consumo utilizó herramientas de análisis de datos para identificar nuevas oportunidades de mercado y desarrollar productos innovadores. Al lanzar estos nuevos productos, la empresa pudo expandir su base de clientes y aumentar sus ingresos.

Beneficios:

- **Innovación:** Las tecnologías digitales impulsan el desarrollo de nuevos productos y servicios.

- **Expansión de Mercado:** Las empresas pueden identificar y aprovechar nuevas oportunidades de mercado.

- **Competitividad:** Una estrategia digital sólida mejora la posición competitiva de la empresa.

Fomenta la Agilidad y la Resiliencia

La capacidad de adaptarse rápidamente a cambios y disrupciones en el mercado es esencial para la supervivencia y el éxito a largo plazo. La transformación digital equipa a las empresas con herramientas y procesos que les permiten ser más ágiles y resilientes.

Ejemplo:

Durante la pandemia de COVID-19, muchas empresas se vieron obligadas a adaptarse al trabajo remoto de la noche a la mañana. Aquellas que ya habían adoptado tecnologías digitales, como plataformas de colaboración en línea y sistemas basados en la nube, pudieron hacer la transición de manera fluida y mantener la continuidad del negocio.

Beneficios:

- **Resiliencia:** Las empresas están mejor preparadas para enfrentar crisis y disrupciones.

- **Adaptabilidad:** Capacidad de adaptarse rápidamente a cambios en el mercado.

- **Continuidad del Negocio:** Las tecnologías digitales aseguran que las operaciones puedan continuar incluso en circunstancias adversas.

Desafíos y Estrategias para la Implementación de la Transformación Digital

Aunque los beneficios de la transformación digital son significativos, su implementación puede presentar varios desafíos. A continuación, se destacan algunos de los desafíos más comunes y estrategias para superarlos.

Resistencia al Cambio

Uno de los mayores obstáculos para la transformación digital es la resistencia al cambio. Los empleados pueden sentirse inseguros o reacios a adoptar nuevas tecnologías y procesos, lo que puede retrasar la implementación de iniciativas digitales.

Estrategias para Superarlo:

- **Comunicación Abierta:** Mantener una comunicación clara y transparente sobre los beneficios de la transformación digital y cómo afectará a los empleados.

- **Formación y Capacitación:** Proporcionar formación y recursos para ayudar a los empleados a adaptarse a nuevas tecnologías y procesos.

- **Liderazgo de Cambio:** Nombrar líderes de cambio dentro de la organización que puedan guiar y motivar a los equipos.

Integración de Sistemas

La integración de nuevos sistemas con las tecnologías y procesos existentes puede ser un desafío técnico significativo. La falta de integración puede resultar en silos de información y procesos ineficientes.

Estrategias para Superarlo:

- **Arquitectura de TI Flexible:** Diseñar una arquitectura de TI que sea escalable y flexible para facilitar la integración.

- **Utilización de APIs:** Emplear interfaces de programación de aplicaciones (APIs) para conectar sistemas y permitir el intercambio de datos.

- **Proyectos Piloto:** Implementar proyectos piloto para probar la integración de sistemas antes de un despliegue completo.

Falta de Habilidades Digitales

La transformación digital requiere habilidades específicas que pueden no estar presentes en la organización. La falta de competencias digitales puede retrasar la implementación de nuevas tecnologías y procesos.

Estrategias para Superarlo:

- **Evaluación de Habilidades:** Realizar una evaluación de las habilidades digitales actuales de la organización.

- **Capacitación Continua:** Invertir en programas de capacitación y desarrollo para mejorar las competencias digitales de los empleados.

- **Contratación Estratégica:** Incorporar talento con habilidades digitales específicas para complementar el equipo existente.

La transformación digital ya no es un lujo, sino una necesidad. Las empresas que adoptan tecnologías digitales pueden desbloquear nuevas oportunidades de crecimiento, mejorar la eficiencia y fortalecer las relaciones con los clientes. Sin embargo, para lograr una implementación exitosa, se requiere una planificación estratégica, un liderazgo sólido y una cultura de innovación continua.

Las compañías que abordan los desafíos de manera proactiva, invierten en la capacitación de sus empleados y utilizan las herramientas digitales adecuadas prosperarán en la economía digital en constante evolución.

Para ilustrar cómo algunas empresas han implementado con éxito la transformación digital, a continuación, se presentan algunos casos de éxito destacados.

Nike

Nike, una de las principales marcas de ropa deportiva del mundo, ha realizado una significativa inversión en su transformación digital para mejorar la eficiencia operativa y la experiencia del cliente. La empresa ha adoptado tecnologías como la inteligencia artificial, el análisis de datos y la automatización para optimizar sus operaciones y ofrecer una experiencia de compra personalizada.

Beneficios:

- **Optimización de la Cadena de Suministro:** El análisis de datos ha permitido a Nike mejorar la previsión de la demanda y optimizar sus inventarios.

- **Experiencia del Cliente Personalizada:** Nike utiliza IA para ofrecer recomendaciones de productos personalizadas y una experiencia de compra única.

- **Crecimiento en Ventas Digitales:** La integración de canales digitales ha impulsado las ventas en línea, complementando las tiendas físicas.

McDonald's

McDonald's ha implementado una estrategia digital integral para mejorar la eficiencia operativa y la experiencia del cliente. La cadena de comida rápida ha desarrollado una aplicación móvil que permite a los clientes realizar pedidos y pagar de manera conveniente, además de participar en programas de lealtad y recibir ofertas personalizadas. McDonald's también utiliza análisis de datos para optimizar sus operaciones y ajustar sus ofertas de productos.

Beneficios:

- **Conveniencia para el Cliente:** La aplicación móvil facilita el proceso de pedido y pago, mejorando la experiencia del cliente.

- **Lealtad del Cliente:** Los programas de lealtad y las ofertas personalizadas aumentan la retención de clientes.

- **Optimización de Operaciones:** El análisis de datos permite a McDonald's ajustar sus operaciones y productos según las preferencias de los clientes.

General Electric (GE)

General Electric ha implementado una estrategia de transformación digital para mejorar la eficiencia operativa y desarrollar soluciones innovadoras. La empresa ha adoptado tecnologías como la Internet de las Cosas (IoT), la inteligencia artificial y el análisis de datos para optimizar sus operaciones y mejorar la toma de decisiones. GE también ha desarrollado plataformas digitales que permiten a sus clientes monitorizar y gestionar sus operaciones en tiempo real.

Beneficios:

- **Eficiencia Operativa:** Las tecnologías digitales han mejorado la eficiencia y la productividad en las operaciones de GE.

- **Innovación de Productos:** Las plataformas digitales permiten a GE desarrollar soluciones innovadoras para sus clientes.

- **Toma de Decisiones Informada:** El análisis de datos y la IA han optimizado la toma de decisiones estratégicas.

Domino's Pizza

Domino's Pizza ha realizado una transformación digital completa para mejorar la experiencia del cliente y optimizar sus operaciones. La empresa ha desarrollado una aplicación móvil y una plataforma de pedidos en línea que permiten a los clientes realizar pedidos de manera rápida y conveniente. Domino's también utiliza tecnologías de análisis de datos para mejorar sus operaciones y ofrecer promociones personalizadas.

Beneficios:

- **Conveniencia para el Cliente:** La aplicación móvil y la plataforma en línea facilitan el proceso de pedido y pago.

- **Personalización:** Las promociones personalizadas aumentan la satisfacción y la lealtad del cliente.

- **Optimización de Operaciones:** El análisis de datos permite a Domino's mejorar la eficiencia de sus operaciones y reducir los tiempos de entrega.

John Deere

John Deere, líder en la fabricación de maquinaria agrícola, ha adoptado una estrategia de transformación digital para mejorar la eficiencia operativa y ofrecer nuevas soluciones a sus clientes. La empresa utiliza la Internet de las Cosas (IoT), la inteligencia artificial y el análisis de datos para desarrollar maquinaria agrícola inteligente y plataformas digitales que permiten a los agricultores monitorizar y gestionar sus operaciones en tiempo real.

Beneficios:

- **Eficiencia Operativa:** Las tecnologías digitales han mejorado la eficiencia de las operaciones de John Deere.

- **Innovación en Productos:** La maquinaria agrícola inteligente y las plataformas digitales ofrecen nuevas soluciones a los clientes.

- **Toma de Decisiones Basada en Datos:** El análisis de datos y la IA han optimizado la toma de decisiones de los agricultores.

Estos casos de éxito demuestran cómo las empresas pueden beneficiarse de la transformación digital para mejorar la eficiencia operativa, personalizar la experiencia del cliente y desarrollar soluciones innovadoras. Al adoptar tecnologías avanzadas como la inteligencia artificial, el análisis de datos y la automatización, estas empresas han logrado optimizar sus operaciones, aumentar la satisfacción del cliente y fortalecer su posición competitiva en el mercado.

Reto Didáctico

Para aplicar los conceptos y beneficios de la transformación digital, se propone el siguiente reto didáctico:

Elabora un Plan Detallado para Implementar Tecnologías Digitales en tu Empresa

1. **Identificación de Áreas Clave:** Selecciona áreas de tu empresa que se beneficiarán significativamente de la digitalización.

2. **Definición de Objetivos:** Establece objetivos claros y medibles para la transformación digital.

3. **Evaluación de Recursos:** Identifica los recursos necesarios, incluyendo tecnologías, talento y presupuesto.

4. **Desarrollo de un Cronograma:** Crea un cronograma detallado con hitos y plazos.

5. **Monitoreo y Evaluación:** Establece indicadores clave de desempeño (KPI) para monitorear el progreso y evaluar el éxito de las iniciativas.

Beneficios del Reto:

- **Aplicación Práctica:** La elaboración de un plan detallado permite aplicar los conceptos aprendidos de manera práctica.

- **Visión Integral:** El reto proporciona una visión integral de los pasos necesarios para implementar una transformación digital exitosa.

- **Preparación para el Futuro:** Ayuda a preparar a la empresa para enfrentar desafíos futuros y aprovechar nuevas oportunidades.

8

Tecnológica de Punta en la Transformación Digital para Negocio

La transformación digital ha revolucionado la manera en que las empresas operan, optimizan sus procesos y generan valor. No se trata simplemente de adoptar herramientas tecnológicas, sino de implementar una estrategia que permita mejorar la eficiencia, la agilidad y la competitividad en un mercado cada vez más digitalizado. Para ello, las organizaciones deben apoyarse en tecnologías clave como los sistemas ERP modernos, analíticas avanzadas, conectividad en la nube, inteligencia artificial (IA), machine learning, Internet de las Cosas (IoT) y la automatización robótica de procesos (RPA). Estas herramientas permiten no solo optimizar la operación diaria de una empresa, sino también anticipar tendencias, mejorar la toma de decisiones y fortalecer la relación con los clientes.

ERP Moderno y Tecnologías de Base de Datos

Los sistemas de Planificación de Recursos Empresariales (ERP, por sus siglas en inglés) han evolucionado considerablemente en la última década. Un ERP moderno no solo integra los procesos centrales de una empresa, como finanzas, manufactura, cadena de suministro y recursos humanos, sino que también optimiza la gestión de la información al proporcionar un acceso rápido y estructurado a los datos empresariales.

Hoy en día, las soluciones de ERP en la nube utilizan tecnologías de base de datos in-memory, que permiten un procesamiento más rápido y eficiente de grandes volúmenes de datos. Esto brinda a las empresas la capacidad de analizar en tiempo real la información crítica para la toma de decisiones. Además, cuando un ERP está potenciado por IA, adquiere la capacidad de gestionar, procesar y aprender de Big Data, permitiendo a las organizaciones identificar patrones y tendencias con mayor precisión.

La integración de un ERP moderno en una estrategia de transformación digital no solo reduce la duplicación de esfuerzos y optimiza el tiempo de respuesta, sino que también proporciona una base sólida para escalar operaciones y mejorar la rentabilidad del negocio.

Analíticas Avanzadas

El acceso a datos en tiempo real y su correcta interpretación es un factor determinante en el éxito empresarial. Las analíticas avanzadas, impulsadas por IA y machine learning, permiten a las empresas convertir grandes volúmenes de datos en información estratégica accionable.

Estos sistemas utilizan algoritmos inteligentes para identificar patrones y correlaciones en los datos, ayudando a los líderes empresariales a anticiparse a problemas, predecir tendencias y tomar decisiones informadas. Además, las empresas pueden personalizar las configuraciones de análisis de datos según sus necesidades específicas, brindando mayor flexibilidad y adaptabilidad a los cambios del mercado.

Por ejemplo, una empresa minorista puede utilizar analíticas avanzadas para predecir la demanda de productos en función de patrones de compra y comportamiento del consumidor, permitiendo ajustar el inventario y reducir pérdidas. Asimismo, en el sector financiero, las instituciones bancarias emplean estas herramientas para identificar riesgos de fraude y evaluar la solvencia crediticia de sus clientes.

Conectividad en la Nube

La migración de las infraestructuras empresariales a la nube se ha convertido en un componente esencial para la transformación digital. La nube permite un acceso centralizado y bajo demanda a datos, sistemas y herramientas, lo que facilita la escalabilidad, la colaboración y la automatización de flujos de trabajo.

Además, las plataformas en la nube permiten a las empresas adaptarse rápidamente a las necesidades del mercado sin la necesidad de invertir grandes sumas en infraestructura física. Según Forrester, en 2021, cerca del 60% de las empresas en Norteamérica confiaban en soluciones en la nube, una cifra que ha crecido significativamente en los últimos cinco años.

La flexibilidad y la seguridad que ofrecen las plataformas en la nube permiten a las organizaciones operar desde cualquier ubicación, facilitando modelos de trabajo híbridos y mejorando la eficiencia operativa en distintos sectores.

Inteligencia Artificial y Machine Learning

La IA y el machine learning están transformando la manera en que las empresas analizan datos, automatizan procesos y optimizan la experiencia del cliente. Estas tecnologías permiten la creación de algoritmos inteligentes que aprenden de patrones y mejoran con el tiempo, ofreciendo predicciones más precisas y decisiones más informadas.

En el comercio minorista, por ejemplo, la IA puede analizar el comportamiento del consumidor para ofrecer recomendaciones personalizadas, aumentando la probabilidad de compra y mejorando la experiencia del cliente. En la industria de la salud, el machine learning se utiliza para predecir enfermedades a partir de historiales clínicos y mejorar los diagnósticos médicos.

La combinación de IA y Big Data proporciona a las empresas una ventaja competitiva al permitirles optimizar su cadena de suministro, mejorar la eficiencia operativa y anticipar cambios en la demanda del mercado.

Internet de las Cosas (IoT)

El Internet de las Cosas (IoT) conecta dispositivos y sensores a una red digital que permite la recopilación, el análisis y la transmisión de datos en tiempo real. Esta tecnología ha revolucionado sectores como la manufactura, la logística, la salud y la agricultura, proporcionando mayor visibilidad y control sobre los procesos.

Por ejemplo, en la industria automotriz, IoT permite el monitoreo remoto de vehículos para predecir fallas y realizar mantenimientos preventivos. En la agricultura, los sensores IoT se utilizan para medir la humedad del suelo y optimizar el riego, mejorando la eficiencia de los cultivos y reduciendo el desperdicio de recursos.

Los datos obtenidos a través de dispositivos IoT pueden integrarse con sistemas de análisis avanzado y machine learning, permitiendo a las empresas optimizar la toma de decisiones en tiempo real y aumentar su competitividad.

Robótica y Automatización Robótica de Procesos (RPA)

La automatización robótica de procesos (RPA) y la robótica industrial han cambiado la forma en que las empresas realizan tareas repetitivas y operativas. Mientras que la robótica se enfoca en tareas físicas, como ensamblaje y manufactura, la RPA se centra en la automatización de tareas administrativas mediante software.

Los sistemas RPA pueden realizar actividades como la validación de facturas, la gestión de pedidos y el procesamiento de datos sin intervención humana, reduciendo errores y mejorando la eficiencia operativa.

En el sector financiero, por ejemplo, los bancos emplean RPA para automatizar la verificación de documentos y mejorar los tiempos de respuesta en la aprobación de créditos. En la manufactura, los robots inteligentes trabajan en líneas de producción optimizando la producción y reduciendo costos.

La adopción de tecnologías avanzadas en la transformación digital permite a las empresas optimizar sus procesos, mejorar la eficiencia operativa y mantenerse competitivas en un mundo cada vez más digitalizado. Desde ERPs modernos hasta IA, IoT y RPA, cada herramienta desempeña un papel clave en la evolución de los negocios hacia un futuro más ágil, inteligente e innovador.

9

Los Sectores y La Transformación Digital

Exploraremos historias inspiradoras de compañías que han implementado exitosamente la transformación digital en diferentes sectores. Cada ejemplo destacará cómo la adopción de tecnologías digitales ha mejorado sus operaciones, optimizado la eficiencia y creado nuevas oportunidades de negocio.

Cadena de Suministro, Abastecimiento y Fabricación

Ejemplo Inspirador: Kiara Health

En un informe de julio de 2020, Gartner señala que si las empresas quieren prosperar y optimizar sus cadenas de suministro, "deben buscar tecnologías innovadoras que tengan el potencial de disrumpir los modelos operativos de la cadena de suministro y brindar una ventaja competitiva". La transformación digital en las cadenas de suministro y la fabricación brinda visibilidad centralizada —desde materias primas hasta clientes finales— e impulsa la resiliencia.

Ejemplo Inspirador: Kiara Health, una empresa de fabricación farmacéutica y soluciones para el cuidado de la salud, logró mayor eficiencia y preparó su negocio a prueba de futuro gracias a su sistema de ERP.

Industrias de Servicios y RR. HH.

En la última década, las tecnologías digitales han impulsado el cambio en el lugar de trabajo. La RV, los chatbots y dispositivos móviles están personalizando el proceso de onboarding, y mejorando el servicio y el soporte al empleado. Blockchain asegura la privacidad y precisión de la información. El machine learning está ayudando a eliminar el sesgo y a garantizar que las empresas sean campeonas en la diversidad y la inclusión.

Ejemplo Inspirador: El chatbot de empleados de EY mejoró la productividad y brindó soporte 24x7 a las personas.

Cuidado de la Salud y Ciencias de la Vida

Las tecnologías digitales para el cuidado de la salud tienen una carga de trabajo compleja. Los programas de investigación y diagnóstico dependen mucho de IA y machine learning. Los dispositivos quirúrgicos y médicos requieren la velocidad y precisión de poderosas tecnologías en la nube y de bases de datos. Los trabajadores de la salud que brindan asistencia y soporte al paciente están mejorando las opciones móviles y de monitoreo para que los usuarios puedan sentirse seguros y confiados con tecnologías móviles de autoservicio.

Ejemplo Inspirador: Un hospital en Singapur implementó un sistema de monitoreo remoto para pacientes con enfermedades crónicas, reduciendo las visitas al hospital y mejorando la calidad de vida de los pacientes.

Banca

Un informe de 2020 de JD Power afirma que: "...se puede decir con seguridad que hemos llegado al punto de inflexión, donde los bancos que hacen bien sus fórmulas digitales están viendo fuertes ganancias tanto en adopción como en satisfacción". La transformación digital en el sector de los servicios financieros ofrece servicios personalizados e hiperpersonalizados, una mejor funcionalidad móvil y acceso remoto gratuito a servicios más complejos, tales como planificación financiera y gestión de créditos.

Ejemplo Inspirador: Un banco en España implementó una plataforma de inteligencia artificial que permite a los clientes gestionar sus finanzas personales a través de una aplicación móvil, mejorando significativamente la satisfacción del cliente.

Comercio Minorista

La transformación digital en el comercio minorista puede automatizar y optimizar las redes de logística –personalizando y acelerando la entrega–. Y como en todos los sectores de consumo, la creciente demanda de servicios personalizados también está impulsando la innovación digital. Un reciente estudio de Epsilon indica que un 80% de los compradores es más proclive a elegir un minorista que ofrezca servicios personalizados –incluyendo chatbots 24x7, sugerencias de productos personalizadas, recomendaciones predictivas y movilidad omnicanal fluida.

Ejemplo Inspirador: Una cadena de supermercados en Alemania utilizó análisis de datos y machine learning para optimizar su cadena de suministro y reducir el desperdicio de alimentos, ahorrando millones de euros anualmente.

Automotriz

La industria automotriz fue una de las primeras en adoptar la robótica de fabricación y la automatización digital. Pero en tanto una de las industrias más competitivas del mundo, muchas de sus últimas innovaciones digitales se relacionan con el servicio y la retención del cliente. La personalización y las aplicaciones de interfaz para conductores le brindan seguridad y placer al conductor y le dan a la empresa datos valiosos para ayudar con una provisión más precisa de desarrollo de producto, marketing y experiencia de cliente.

Ejemplo Inspirador: Tesla ha revolucionado la industria automotriz no solo con sus vehículos eléctricos, sino también con su enfoque en la actualización continua de software y la conectividad en la nube, mejorando la experiencia del conductor y la eficiencia del vehículo.

10

Superando los Obstáculos de la Transformación Digital

La transformación digital no es solo una tendencia, sino una necesidad para las empresas que buscan mantenerse competitivas en un mercado en constante evolución. Sin embargo, llevar a cabo esta transformación es un desafío complejo. A pesar del acceso a tecnologías avanzadas, hasta el 70% de las iniciativas digitales fracasan, según estudios de McKinsey y Harvard Business Review. Las razones detrás de estos fracasos rara vez se deben a defectos en la tecnología o a la falta de innovación, sino más bien a problemas en la planificación, la resistencia al cambio y la incapacidad de integrar a todos los actores dentro del proceso.

Para comprender mejor estos desafíos, es útil observar la historia de **GlobalRetail**, una empresa con más de dos décadas de éxito en el sector minorista. Su enfoque tradicional en tiendas físicas le había permitido crecer con solidez, pero con la llegada del comercio digital, la empresa se encontró en una encrucijada. Los consumidores comenzaban a preferir las compras en línea y la competencia ya estaba aprovechando modelos digitales para mejorar la experiencia del cliente. GlobalRetail necesitaba adaptarse o corría el riesgo de quedar rezagada.

El Problema: Una Empresa Dividida por la Incertidumbre

La idea de lanzar una plataforma de comercio electrónico parecía ser el paso lógico para GlobalRetail. Sin embargo, desde el primer día, los desafíos se hicieron evidentes. Había una falta de planificación clara. No existía un cronograma detallado ni se habían definido recursos específicos para la transición. Los ejecutivos hablaban de digitalización como una meta abstracta, pero los gerentes y empleados no comprendían cómo afectaría su día a día.

Además, la resistencia al cambio comenzó a crecer dentro de la empresa. Muchos empleados temían que la digitalización significara la eliminación de sus puestos de trabajo. La incertidumbre generó desconfianza, y los equipos de ventas y logística, acostumbrados a procesos manuales, veían la implementación de nuevas herramientas como una amenaza en lugar de una oportunidad.

La alta dirección tampoco estaba completamente alineada con la transformación. Algunos líderes no entendían la urgencia del cambio y consideraban que la empresa podía seguir operando con su modelo tradicional por algunos años más. La falta de compromiso en los niveles más altos dificultó aún más la ejecución del proyecto.

Primer Intento: La Fractura Interna

A pesar de estos obstáculos, GlobalRetail decidió seguir adelante con la implementación de su plataforma de comercio electrónico. Sin embargo, sin un plan sólido y sin un equipo completamente comprometido, los problemas se multiplicaron.

Los sistemas de inventario no estaban integrados correctamente con la nueva plataforma, lo que generó errores en los pedidos. Algunos productos aparecían como disponibles en línea, pero en realidad no estaban en stock. La atención al cliente colapsó debido a la falta de entrenamiento del personal en los nuevos procesos digitales.

Los clientes, que en un principio se mostraron entusiasmados con la idea de comprar en línea, comenzaron a frustrarse con la experiencia. Los retrasos en las entregas y la falta de información precisa sobre sus pedidos afectaron la confianza en la marca. En pocos meses, las ventas en línea no solo no crecieron, sino que comenzaron a afectar la reputación de la empresa.

Los empleados, por su parte, se sintieron aún más alienados. Nadie había comunicado de manera efectiva cómo esta transformación beneficiaría a todos dentro de la organización. En lugar de ser un proyecto de crecimiento conjunto, la digitalización se percibió como una imposición desde la dirección.

Un Nuevo Enfoque: Transformación desde la Cultura

Ante estos problemas, GlobalRetail tuvo que detener su implementación y replantear su estrategia. Fue entonces cuando reconocieron que el problema no era la tecnología en sí, sino la falta de una gestión del cambio adecuada.

La primera decisión clave fue involucrar a todos los niveles de la organización en el proceso. Se organizó una serie de reuniones abiertas donde los empleados podían expresar sus preocupaciones y hacer preguntas sobre el proyecto. La transparencia se convirtió en una prioridad, y la dirección comenzó a comunicar claramente que la digitalización no significaba la eliminación de empleos, sino la evolución de los roles dentro de la empresa.

Además, se estableció un programa de capacitación para todos los empleados. Se les proporcionaron herramientas y formación para que se sintieran cómodos con la nueva plataforma y entendieran cómo utilizarla para mejorar su trabajo. Se crearon incentivos para quienes adoptaran con éxito las nuevas tecnologías, generando un ambiente de colaboración en lugar de resistencia.

Por otro lado, la empresa decidió hacer ajustes en su infraestructura digital. En lugar de hacer un despliegue masivo de la plataforma, optaron por una implementación por fases, comenzando con un piloto en una sola región. Esto permitió solucionar problemas antes de la expansión total y asegurar que el sistema funcionara correctamente antes de integrarlo completamente.

Los Resultados: Un Cambio de Paradigma

En menos de un año, GlobalRetail comenzó a ver resultados positivos. La adopción de la plataforma de comercio electrónico se hizo de manera más orgánica, con empleados comprometidos en lugar de escépticos. Las ventas en línea comenzaron a crecer de manera sostenida, y los clientes reportaron una experiencia mucho más satisfactoria.

Los errores en los pedidos disminuyeron drásticamente gracias a una mejor integración de los sistemas de inventario, y la atención al cliente mejoró con la capacitación adecuada. Lo que inicialmente parecía un problema sin solución, se transformó en una ventaja competitiva para la empresa.

Lo más importante fue el cambio en la cultura organizacional. La digitalización dejó de verse como una amenaza y se convirtió en parte del ADN de la empresa. Los empleados, ahora con nuevas habilidades digitales, se sintieron más empoderados y preparados para enfrentar futuros desafíos.

Lecciones Clave para la Transformación Digital

La historia de GlobalRetail deja en claro que la transformación digital no es solo una cuestión de adoptar nuevas tecnologías, sino de gestionar el cambio de manera efectiva. Para que una empresa tenga éxito en este proceso, es fundamental:

- Planificar con precisión, estableciendo objetivos claros y recursos adecuados.

- Asegurar la participación de todas las partes interesadas, desde la alta dirección hasta los empleados de primera línea.

- Invertir en formación y capacitación para reducir la incertidumbre y fortalecer la confianza en la transición.

- Implementar el cambio de manera progresiva, permitiendo ajustes en el camino.

- Mantener una comunicación abierta y transparente en cada etapa del proceso.

La transformación digital es un camino desafiante, pero cuando se gestiona correctamente, puede ser la clave para el crecimiento y la competitividad a largo plazo. En un mundo donde la tecnología avanza a pasos agigantados, adaptarse no es solo una opción, sino una necesidad para la supervivencia empresarial.

Las empresas que logren superar los desafíos de la digitalización no solo se beneficiarán de mejores procesos y mayor eficiencia, sino que también fortalecerán su cultura organizacional y su capacidad de innovación. El éxito en la transformación digital no depende solo de la tecnología, sino de la capacidad de las personas para adoptarla y aprovecharla de la mejor manera posible.

II

Tu Transformación digital paso a paso
Prepararse para la Transformación Digital del Negocio

A lo largo de mi carrera, he trabajado con decenas de empresas ayudándolas a implementar su transformación digital. Esta experiencia me ha permitido conocer diferentes industrias y descubrir un patrón común: todas enfrentan prácticamente los mismos desafíos al dar el paso hacia la digitalización. Curiosamente, la mayoría de estos obstáculos no son tecnológicos, sino mentales.

La resistencia al cambio es uno de los mayores frenos para la evolución de cualquier negocio. Al igual que con la inteligencia artificial, no se trata solo de adoptar nuevas herramientas, sino de cambiar la mentalidad con la que enfrentamos la innovación. Muchas veces, lo que impide avanzar no es la falta de recursos o conocimientos, sino el miedo a lo desconocido y la incertidumbre sobre el impacto que estos cambios pueden tener en la estabilidad laboral y en el futuro de la empresa.

El miedo a la IA y la oportunidad de dominarla

Personalmente, me entusiasma enormemente todo lo que se puede lograr con la inteligencia artificial. Mientras que algunos la ven como una amenaza a sus empleos y su estabilidad, yo la veo como una herramienta poderosa que, bien utilizada, puede hacer nuestras vidas más sencillas, ayudarnos a ser más eficientes y liberar tiempo para enfocarnos en tareas de mayor valor. La IA no está diseñada para reemplazarnos, sino para potenciarnos.

Este cambio de perspectiva me llevó a desarrollar una metodología probada para implementar la inteligencia artificial en los negocios de forma práctica y efectiva. Después de años de prueba y error, encontré un camino estructurado que permite superar los bloqueos mentales y adoptar la transformación digital con éxito.

Nuestra misión: Transformar un millón de vidas

El impacto de la transformación digital va mucho más allá de mejorar la rentabilidad de una empresa; es una oportunidad para mejorar la vida de las personas y fortalecer comunidades enteras. Por eso, nos hemos propuesto una misión ambiciosa: ayudar a un millón de personas a llevar a cabo su transformación digital para mejorar su bienestar y el de su entorno.

Como parte de este compromiso, hemos diseñado una sesión de formación intensiva llamada "Transformación Digital Paso a Paso", el reto más completo y didáctico para ayudar a líderes empresariales a digitalizar su negocio en solo 21 días.

Los 7 pasos esenciales para una transformación digital exitosa

Basándonos en nuestra experiencia con empresas de distintos sectores, hemos identificado siete pasos fundamentales que toda organización debe seguir para adoptar la transformación digital de manera efectiva. Estos pasos sirven como un mapa de ruta para integrar nuevas tecnologías en los procesos empresariales sin generar fricción o resistencia.

A través de este programa, no solo enseñamos a utilizar herramientas digitales, sino que también ayudamos a las empresas a cambiar su mentalidad y abrazar la innovación con confianza. Porque, al final del día, el éxito de la transformación digital no depende solo de la tecnología, sino de la capacidad de las personas para adaptarse y evolucionar.

¿Estás listo para dar el siguiente paso en la digitalización de tu negocio?

Paso I: Determine Su Punto de Partida

Audite sus sistemas y activos existentes. ¿Qué máquinas ya están digitalizadas? ¿Cuáles requerirán portales de IoT? ¿Su ERP es moderno y escalable, o todavía opera en una memoria de base de datos basada en discos? Para adelantar su proyecto, busque primero dentro de su empresa los procesos que sean de alta prioridad operativa y tengan el camino menos complicado hacia la transformación.

Acciones Clave:

- **Auditoría de Sistemas:** Realizar una auditoría completa de los sistemas de TI actuales, incluyendo hardware, software y redes.

- **Evaluación de Procesos:** Analizar los procesos de negocio existentes para identificar ineficiencias y áreas de mejora.

- **Capacidades Digitales:** Evaluar las capacidades digitales actuales de la organización, incluyendo habilidades y competencias del personal.

Reto Didáctico: Realiza un análisis FODA (Fortalezas, Oportunidades, Debilidades y Amenazas) para evaluar el estado actual de tu empresa en términos de preparación digital. Presenta un informe detallado con tus hallazgos y recomendaciones.

Paso 2: Defina Sus Prioridades

No planifique una maratón antes de haber dado la primera vuelta a la manzana. La belleza de la transformación digital es que no tiene que ocurrir toda de una vez. Al igual que los componente básicos, las tecnologías inteligentes están diseñadas para evolucionar, escalar e integrarse.

Acciones Clave:

- **Identificación de Áreas Clave:** Priorizar las áreas de negocio que se beneficiarán más de la transformación digital.

- **Definición de Objetivos:** Establecer objetivos claros y específicos para cada área priorizada.

- **Análisis de Impacto:** Evaluar el impacto potencial de la transformación en estas áreas, incluyendo beneficios esperados y posibles desafíos.

Reto Didáctico: Selecciona tres áreas clave de tu empresa que podrían beneficiarse más de la transformación digital. Define objetivos específicos para cada una y presenta un plan de acción detallado.

Paso 3: Cree Su Roadmap

Un beneficio significativo para las tecnologías inteligentes radica en su inmensa escalabilidad y capacidad para la rápida adaptación y reconfiguración. Un buen roadmap de transformación debería habilitar la agilidad y el crecimiento, pero comience con un roadmap que tenga algunos objetivos sólidos y alcanzables. Dentro de su plan tenga también estrategias sólidas de migración y gestión del cambio –la transformación digital es tanto un recorrido humano como tecnológico.

Acciones Clave:

- **Desarrollo del Roadmap:** Crear un roadmap detallado que incluya hitos, cronogramas y recursos necesarios.

- **Estrategias de Implementación:** Definir las estrategias y metodologías para implementar las iniciativas digitales.

- **Plan de Gestión del Cambio:** Incluir un plan de gestión del cambio para abordar la resistencia y asegurar una transición suave.

Reto Didáctico: Diseña un roadmap de transformación digital para tu empresa, incluyendo hitos importantes, cronogramas y un plan de gestión del cambio. Presenta este roadmap a la alta dirección para su aprobación.

Paso 4: Prepare a Sus Equipos

Thoreau dijo: "Las cosas no cambian, nosotros cambiamos". Las tecnologías inteligentes pueden a ayudar reducir las tareas repetitivas y tediosas, mejorar el compromiso del empleado y dar soporte a la colaboración. Pero estos beneficios solo pueden concretarse cuando todo su personal está a favor. No les arroje las noticias a sus equipos. Aprenda de sus aportes e ideas, aborde abiertamente sus preocupaciones y deles tiempo para que cambien.

Acciones Clave:

- **Programas de Capacitación:** Desarrollar e implementar programas de capacitación para mejorar las habilidades digitales de los empleados.

- **Comunicación Continua:** Mantener una comunicación continua y abierta con los empleados sobre los objetivos y el progreso de la transformación digital.

- **Fomentar la Cultura de Innovación:** Fomentar una cultura organizacional que valore la innovación, la adaptabilidad y el aprendizaje continuo.

Reto Didáctico: Organiza una serie de talleres de capacitación en transformación digital para tus empleados. Incluye módulos sobre nuevas tecnologías, gestión del cambio y habilidades digitales esenciales. Recopila feedback y ajusta los programas según sea necesario.

"Las cosas no cambian, nosotros cambiamos". Thoreau

Paso 5: Implementación y Escalado

Con una base sólida establecida, el siguiente paso es la implementación de las iniciativas digitales. Es crucial comenzar con proyectos piloto antes de escalar las soluciones a toda la organización.

Acciones Clave:

- **Proyectos Piloto:** Implementar proyectos piloto en áreas clave para probar y ajustar las soluciones digitales antes de un despliegue completo.

- **Monitoreo y Evaluación:** Monitorear el progreso de los proyectos piloto y evaluar su éxito en función de los objetivos establecidos.

- **Escalado de Soluciones:** Escalar las soluciones exitosas a toda la organización, asegurando que se mantenga la calidad y la eficiencia.

Reto Didáctico: Lanza un proyecto piloto de transformación digital en un área clave de tu empresa. Monitorea su progreso, recopila datos y ajusta la implementación según sea necesario. Presenta un informe con los resultados y recomendaciones para el escalado.

Paso 6: Involucrar a Toda la Organización

La transformación digital no puede ser liderada solo por el departamento de TI; debe involucrar a toda la organización. Desde la alta dirección hasta los empleados de primera línea, todos deben estar comprometidos con el proceso.

Acciones Clave:

- **Liderazgo Comprometido:** Asegurar que la alta dirección esté plenamente comprometida y apoye activamente la transformación digital.

- **Equipos Multidisciplinarios:** Formar equipos multidisciplinarios que incluyan miembros de diferentes departamentos para liderar y ejecutar las iniciativas digitales.

- **Feedback Continuo:** Establecer mecanismos para recibir y actuar sobre el feedback de todos los niveles de la organización.

Paso 7: Fomentar la Innovación y la Experimentación

La innovación y la experimentación son esenciales para una transformación digital exitosa. Las empresas deben estar dispuestas a probar nuevas ideas y aprender de sus errores.

Acciones Clave:

- **Cultura de Innovación:** Fomentar una cultura que valore la creatividad, la innovación y la disposición a tomar riesgos calculados.

- **Espacios de Experimentación:** Crear espacios y oportunidades para que los empleados experimenten con nuevas tecnologías y procesos.

- **Aprendizaje de Errores:** Promover una mentalidad de aprendizaje continuo, donde los errores se vean como oportunidades para mejorar.

Medición y Ajuste Continuo

La transformación digital es un proceso continuo que requiere monitoreo y ajustes regulares. Es crucial medir el progreso y el impacto de las iniciativas digitales para asegurar que se están logrando los objetivos.

Acciones Clave:

- **Indicadores Clave de Desempeño (KPI):** Establecer KPI claros y medibles para monitorear el progreso de la transformación digital.

- **Revisión Regular:** Realizar revisiones regulares del progreso y ajustar las estrategias según sea necesario.

- **Adaptación y Escalabilidad:** Estar preparado para adaptar y escalar las soluciones digitales en función de los resultados y el feedback.

Reto Didáctico: Desarrolla un conjunto de KPI para medir el éxito de la transformación digital en tu empresa. Realiza revisiones trimestrales para evaluar el progreso y ajustar las estrategias según sea necesario. Presenta un informe detallado con tus hallazgos y recomendaciones.

Prepararse para la transformación digital es un proceso multifacético que requiere una planificación cuidadosa, un enfoque estratégico y un compromiso continuo. Al seguir los pasos detallados en este libro, las empresas pueden establecer una base sólida para su viaje de transformación digital. Desde la evaluación inicial y la definición de prioridades hasta la creación de un roadmap, la preparación de los equipos y la implementación de proyectos piloto, cada paso es crucial para asegurar el éxito a largo plazo.

La transformación digital no es un destino final, sino un viaje continuo de innovación y mejora. Al adoptar una mentalidad abierta y receptiva al cambio, las empresas pueden adaptarse a las nuevas realidades del mercado y aprovechar las oportunidades emergentes para crecer y prosperar. Con una preparación adecuada y un compromiso firme, las empresas pueden navegar con éxito el complejo paisaje digital y asegurar su futuro en un mundo cada vez más digitalizado.

Evolución de la IA

En Dominando la Evolución de la IA, exploramos cómo las empresas pueden prosperar en un mundo digital en constante evolución. Este libro sirve como una guía integral para planificar y ejecutar estrategias impulsadas por IA, esenciales para cualquier organización que quiera mantenerse competitiva en la actualidad.

Se analizan los conceptos clave de la transformación digital, incluyendo cómo las tecnologías emergentes pueden integrarse en todas las áreas de una empresa. A través de casos reales de éxito y aprendizajes de fracasos, el autor ofrece una visión práctica de lo que significa emprender el camino hacia la adopción de la IA y la digitalización.

Desde la identificación de oportunidades y la definición de objetivos hasta la segmentación de audiencias y la selección de los canales adecuados, Dominando la Evolución de la IA presenta un enfoque detallado para diseñar y ejecutar estrategias exitosas basadas en inteligencia artificial. Se enfatiza la importancia de medir y analizar resultados para ajustar estrategias en tiempo real y lograr un crecimiento sostenible.

Este libro es ideal para líderes empresariales, gerentes de proyectos y profesionales que buscan comprender el impacto de la IA y la tecnología digital en el mundo empresarial. Dominando la Evolución de la IA es una herramienta esencial para quienes desean adaptarse al cambio y liderar la innovación con visión y confianza.

Escrito por

Clebert Ury Alexis